传统杨氏太极丛书

赵斌 赵幼斌 路迪民 著

杨氏太极拳真传

人民体育出版社

图书在版编目（CIP）数据

杨氏太极拳真传 / 赵斌，赵幼斌，路迪民著. -- 北京：人民体育出版社，2021（2025.2 重印）
（传统杨氏太极丛书）
ISBN 978-7-5009-5971-7

Ⅰ. ①杨… Ⅱ. ①赵… ②赵… ③路… Ⅲ. ①太极拳—基本知识 Ⅳ. ① G852.11

中国版本图书馆 CIP 数据核字 (2021) 第 031350 号

*

人民体育出版社出版发行
北京中科印刷有限公司印刷
新 华 书 店 经 销

*

710×1000　16 开本　16 印张　259 千字
2021 年 8 月第 1 版　2025 年 2 月第 5 次印刷
印数：18,001—20,000 册

*

ISBN 978-7-5009-5971-7
定价：68.00 元

社址：北京市东城区体育馆路 8 号（天坛公园东门）
电话：67151482（发行部）　邮编：100061
传真：67151483　邮购：67118491
网址：www.psphpress.com

（购买本社图书，如遇有缺损页可与邮购部联系）

正脈承傳

楊振鐸

庚寅年秋

恒专不骄

赵斌题

發揚正宗太極拳法
願她放出更多光彩
為人類健康造福

永年傅鍾文撰
辛未年春

为勇文大作 敬贺

杨氏正宗拳论

发扬杨氏真谛

为杨家拳增光

澳洲永年杨式太极拳社社长

外甥 傅声远

一九八九年七月于澳洲柏斯

杨禄禅宗师
（1799—1874，杨氏太极拳创始人）

杨健侯先师（1839—1917）

杨澄甫先师（1883—1936）

赵斌先师（1906—1999）

1930年，赵斌（右）、张庆麟（中）与杨澄甫（左）在杭州合影

1985年3月，（左起）傅声远、赵斌、杨振铎、路迪民在西安合影（唐成玉摄）

作者简介

赵幼斌 男，1950年生，赵斌之子。7岁开始随父习拳，16岁开始传拳，又得其姑父傅钟文和老舅杨振基、杨振铎指点。为杨氏太极拳第五代嫡传人，中国非物质文化遗产赵传杨氏太极拳传承人，中国武术八段，国内外太极拳界知名人士。1984年成立"西安永年杨氏太极拳学会"，常年在西安及国内外各地授拳，出版有杨氏太极拳、剑、刀等多种教学书籍和光盘，是中国武术段位制考核标准"中国武术段位制系列教程"《杨氏太极拳》的主要参编人员。现任中国武术协会委员和专业委员会委员，中国体育科学学会武术分会委员，中国永年国际太极拳联谊会副秘书长，中国武当山武当拳法研究会顾问，《太极》杂志特邀编委。陕西省太极拳委员会副主任，西安市武术协会副主席，西安太极拳总会会长，西安永年杨氏太极拳学会会长；并兼任太学堂—世界太极网络学院导师，河南大学武术院太极文化研究院高级研究员，河南大学、邯郸学院客座教授；为中国香港、韩国赵幼斌杨氏太极拳总会永久荣誉会长。获得泰国太极拳总会"终身贡献奖"、美国国会众议院荣誉状。

赵斌（1906—1999） 男，河北永年广府镇人。太极拳名宿杨澄甫之侄外孙，自幼随杨师学拳，后毕业于黄埔军校六期，曾任杨虎城麾下战术教官及冯玉祥部独立旅参谋长等职。中华人民共和国成立后任西安市武术协会委员，专事杨氏太极拳传授工作四十余年，著有《杨氏太极拳正宗》一书。是中国著名的杨氏太极拳嫡传人之一和特级太极拳大师。生前还任陕西省文史馆馆员、陕西省黄埔军校同学会顾问。去世后安葬于家乡，永年县政府拨地三亩多建造"赵斌太极园"，原中国武术协会主席徐才题词"德高望重，永垂青史"，以志纪念。2018年，其妻郭多荣（1926—2018）去世后合葬于西安凤栖山，为衣冠冢。

路迪民 男，1940年出生于陕西咸阳。西安建筑科技大学教授，赵斌老师的拜门弟子，著名太极拳学者。参与编著和整理了《杨氏太极拳正宗》《武当赵堡大架太极拳》《中国赵堡太极推手》，2008年出版《杨氏太极拳三谱汇真》。在报刊上发表太极拳论文数十篇。现任西安市武术协会委员、西安永年杨氏太极拳学会副会长、西安建筑科技大学杨氏太极拳学会会长、《太极》杂志特邀编委，武当山武当拳法研究会及香港杨氏太极拳总会、西安交通大学、河北承德、河北永年等地太极拳组织的顾问或名誉会长。

出版说明

由人民体育出版社出版的新版《杨氏太极拳真传》，采用了现代数字技术，为每一式动作配置了二维码视频教学演示，成为纸质+二维码的现代出版物。读者用手机在书中相应位置扫描二维码，就可以观看相关动作的教学视频，方便广大拳友直观和深入地学习。

此书的前身是《杨氏太极拳正宗》（三秦出版社，1992年），后转入北京体育大学出版社改为《杨氏太极拳真传》（2000年），今再转由人民体育出版社出版发行。近30年来，对于三家出版社给予本书的青睐和支持，笔者表示由衷的感谢！

借此新版出版机会，笔者对各章文字进行了认真梳理。

根据出版社的建议，为进一步突出杨氏太极拳技术内容，删去了原书第五章、第六章有关"杨氏太极拳源流轶事"和"太极拳经原貌考证"的内容，这两部分内容在笔者和路迪民先生后续的著作中会再呈现。

本书所述内容，皆以杨澄甫先师晚年定型拳架及要义为唯一标准。此次出版对每一式动作的做法、要领、说明进行了认真推敲，仅对个别动作在细节上作了修订，应当说百分之九十九都与原书一致，保持了原著技术内容的本真。一是对虚步的做法作了进一步的说明，如"提手上势""白鹤亮翅""手挥琵琶""高探马"等式，原书对虚步的叙述多是"后腿坐实，前脚尖（或脚跟）轻着地"，现则强调为"前脚掌（或脚跟）着地后，要松腰胯，重心略前移，使前脚掌（或脚跟）有微撑地之感,两脚互为其根。"这样叙述比较准确,可避免读者误解为虚步是"后腿全实、前腿全虚"的做法。至于读者认为太极拳虚步是前者正确,还是后者正确,可按师传与体会去自悟。

二是对个别动作在细节上作了修订。如第三十七式右蹬脚,之前的动作描述为:

1. 左脚尖外撇踏实,腰渐渐左转,重心渐渐全部移于左腿坐实;右脚跟先离地,右腿向前提起,右脚停于左踝旁虚悬。同时,左掌随转体向左前稍移,随移随着臂外旋使掌心朝里;右拳变掌,稍内旋,自前而下向左弧形上抄,随抄随着臂外旋,掌心朝里,与左掌交叉合抱,右掌在外。

根据家父所传和实际教学,现修订为:

1. 左脚尖外撇踏实,腰渐渐左转,重心渐渐全部移于左腿坐实;右脚跟先离地,右腿向前提起,右脚停于左踝旁虚悬。同时,左掌随转体向左前上稍移,随移随着臂内旋使掌心朝外;右拳变掌,稍内旋掌心朝外,两掌同时自前而外、而下弧形上抄外旋,掌心朝内,两掌交叉合抱,右掌在外。

一些细心的读者将发现的错别字句向笔者指出,其负责精神和真挚感情令人感佩,这次新版对此也进行了修改。

赵亮及弟子李治岐、史国安等对本次修订做了积极的校对工作,在此一并表示感谢。

赵幼斌
2021年5月20日

序

杨氏太极拳，为河北省永年县杨禄禅所创。历经三代研习，由禄禅之孙杨澄甫最后定型。杨氏各代威震中华的武功轶事，尤其太极拳在疗治保健方面的奇特功效，使杨氏太极拳成为全世界流传最广的一朵神州武术之花。

赵斌先生系杨氏太极拳名宿杨澄甫的侄外孙。自幼受杨老尊师的传授指点，勤学苦练，早有根基。大革命时期，为了报效祖国，投笔从戎，毕业于黄埔军校第六期。20世纪30年代初，到西北杨虎城将军第十七路军西安绥靖公署步兵训练班任战术教官。抗战期间，曾在冯玉祥将军麾下独立第五旅任上校参谋长。50年代初，赵老为了弘扬中华民族瑰宝，专门在西安开班传授杨氏太极拳，至今已近40个春秋。

说来有缘，我与赵老抗战时期早已结识，中华人民共和国成立后又在武术界团结共事。他数十年如一日的认真教学精神，给广大徒弟及太极拳爱好者留下了深刻印象。他还精通古文，擅长诗词，昼教太极，夜授古文。无论严寒酷暑，风雨霜露，总是兢兢业业，一丝不苟。在1974年的西安市群众武术比赛中，他率领的50人太极拳表演队，以肃穆稳健之势吸引了广大观众，荣获团体第一名。1984年，他创办了西安永年杨氏太极拳学会，接着又在涿县、井陉、蚌埠、青岛、九江等地，由他的弟子们创办了杨氏太极拳学会，并与我国香港、台湾，以及日本、欧美等国拳师建立了联系，交流拳艺。

赵老长子小宾、小儿幼斌，皆自幼习武，颇具功力。幼斌不仅承其父传，还得到了上海市武协副主席、杨氏太极拳名师傅钟文先生（赵斌的亲妹夫）和杨澄甫先师之子、全国武协教练委员杨振铎先生的指教。幼斌1962年（12岁）在上海太极拳比赛大会上即兴表演，即受到观众热烈赞扬。他现任西安市武术协会委员，西安永年杨氏太极拳学会会长，并兼任西安交通大学、河北永年县和涿县、安徽蚌埠以及泰国、日本北海道等地太极拳组织的教练或名誉会长。

好花果不负好园丁。受赵氏父子传授而得益于健康者，不胜枚举。在1986年的全国首届太极拳比赛中，赵师女弟子扎西（藏族）荣获杨式太极拳银牌奖。1988年，另一弟子张全安获全国太极拳比赛杨式第三名。赵老之名，誉扬神州。

应广大弟子及武术爱好者的要求，赵老在耄耋之年昼夜伏案，与其子幼斌、弟子路迪民一起，将祖传技艺及数十年呕心沥血之所得著成《杨氏太极拳真传》一书。对各式动作及要领详加说明，尤其将各势用法之秘传歌诀公之于世，其精神之佳、价值之昂，真是难能可贵。对杨氏太极拳源流轶事的叙述，也是难得的宝贵资料。我以为此书实为杨氏太极拳之经典，是学习杨氏太极拳之津梁、入门提高之捷径，也是研究太极拳和武术史的重要文献。拜读之余，乐为之序。

西安市武术协会主席　刘侠僧
1992年5月

目　录

第一章　杨澄甫先生重要论述 …………………………（ 1 ）

　一、太极拳之练习谈 ……………………………………（ 1 ）
　二、太极拳术十要 ………………………………………（ 3 ）
　三、论太极推手 …………………………………………（ 5 ）

第二章　杨氏太极拳动作图解、用法及歌诀 …………（ 6 ）

　一、杨氏太极拳拳势名称顺序 …………………………（ 6 ）
　二、关于图解的说明 ……………………………………（ 8 ）
　三、杨氏太极拳动作图解及用法说明 …………………（ 9 ）

第三章　杨氏太极推手 ……………………………………（155）

　一、定步推手 ……………………………………………（155）
　二、活步推手 ……………………………………………（158）
　三、大捋 …………………………………………………（160）

1

第四章　太极拳问答100条 （165）

一、太极拳基本知识 （165）
二、练拳须知 （173）
三、身法要领 （177）
四、内功要领 （182）
五、太极推手基本知识 （187）
六、保健漫谈 （196）

第五章　太极拳经典拳论 （200）

一、太极拳经 （200）
二、十三势歌 （203）
三、十三势行功心解 （204）
四、打手歌 （204）
五、二十字诀 （205）
六、阴符枪总诀 （205）
七、太极拳九要诀 （206）
八、太极拳法歌解 （209）
九、太极拳真义 （212）
十、八字歌 （212）
十一、心会论 （213）
十二、周身大用论 （213）
十三、十六关要论 （213）

十四、功用歌 ……………………………………（214）

十五、用功五志 …………………………………（214）

十六、四性归原歌 ………………………………（214）

十七、内家拳五字心法 …………………………（214）

十八、四字密诀（武禹襄）……………………（215）

十九、撒放密诀（李亦畬修订）………………（215）

二十、五字诀（李亦畬）………………………（215）

附录一　杨澄甫先生太极拳照 …………………（217）

附录二　杨氏太极拳源流及亲族传人表 ………（232）

附录三　杨氏太极拳动作路线图 ………………（233）

第一章
杨澄甫先生重要论述

一、太极拳之练习谈

杨澄甫口述　张鸿逵录

中国之拳术，虽派别繁多，要知皆寓有哲理之技术。历来古人穷毕生之精力，而不能尽其玄妙者，比比皆是。学者若费一日之功力，即得有一日之成效，日积月累，水到渠成。

太极拳，乃柔中寓刚、绵里藏针之艺术，于技术上、生理上、力学上，有相当之哲理存焉。故研究此道者，须经过一定之程序与相当之时日。良师之指导、好友之切磋固不可少，而最要紧者，是在逐日自身之锻炼。否则，谈论终日，思慕经年，一朝交手，空洞无物，依然是门外汉者，未有逐日功夫。古人所谓，终思无益，不如学也。若能晨昏无间，寒暑不易，一经动念，即举摹练，无论老幼男女，及其成功则一也。

近来研究太极拳者，由北而南，同志日增，不禁为武术前途喜。然同志中，专心苦练，诚心向学，将来不可限量者，固不乏人，但普通不免入于两途：一则天才既具，年力又强，举一反三，颖悟出群。惜乎稍有小成，便是满足，遽迩中辍，未能大受。二则急求速效，忽略而成，未经一载，拳、剑、刀、枪皆已学全。虽然依样葫芦，而实际未得此中三昧，一经考究，其方向动作，上下内外，皆未合度。如欲改正，则式式皆须修改，且朝经改正，而夕已忘却。故常闻人曰："习拳容易改拳难。"此语之来，皆由速成而致此。如此辈者，以误传误，必致自误误人，最为技术前途忧者也。

　　太极拳开始，先练拳架。所谓拳架者，即照拳谱上各式名称，一式一式由师指教，学者悉心静气，默记揣摹，而照行之，谓之练架子。此时学者应注意内外上下：属于内者，即所谓用意不用力，下则气沉丹田，上则虚灵顶劲；属于外者，周身轻灵，节节贯串，由脚而腿而腰，沉肩屈肘等是也。初学之时，先此数句，朝夕揣摹而体会之。一式一手，总需仔细推求，举动练习，务求正确。习练既纯，再求二式，于是逐渐而至于习完。如是则毋事改正，日久亦不致更变要领也。

　　习练运行时，周身骨节，均须松开自然。其一，口腹不可闭气；其二，四肢腰腿，不可起强劲。此二句，学内家拳者，类能道之。但一举动，一转身，或踢腿摆腰，其气喘矣，其身摇矣，其病皆由闭气与起强劲也。

　　（1）摹练时，头部不可偏侧与俯仰，所谓要"顶头悬"。若有物顶于头上之意，切忌硬直，所谓悬字意义也。目光虽然向前平视，有时当随身法而转移。其视线虽属空虚，亦为变化中一紧要之动作，而补身法手法之不足也。其口似开非开，似闭非闭，口呼鼻吸，任其自然。如舌下生津，当随时咽入，勿吐弃之。

　　（2）身躯宜中正而不倚。脊梁与尾闾，宜垂直而不偏。但遇开合变化时，有含胸拔背、沉肩转腰之活动，初学时节须注意，否则日久难改，必流于板滞。功夫虽深，难以得益致用矣。

　　（3）两臂骨节均须松开，肩应下垂，肘应下屈，掌宜微伸，手尖微屈。以意运臂，以气贯指，日积月累，内劲通灵，其玄妙自生矣。

　　（4）两腿宜分虚实，起落犹似猫行。体重移于左者，则左实，而右脚谓之虚；移于右者，则右实，而左脚谓之虚。所谓虚者，非空，其势仍未断，而留有伸缩变化之余意存焉。所谓实者，确实而已，非用劲过分，用力过猛之谓。故腿屈至垂直为准，逾此谓之过劲。身躯前扑，即失中正之势。

　　（5）脚掌应分踢腿（谱上左右分脚或写左右起脚）与蹬脚二式。踢腿时则注意脚尖，蹬腿时则注意全掌。意到而气到，气到而劲自到。但腿节均须松开平稳出之。此时最易起强劲，身躯波折而不稳，发腿亦无力矣。

太极拳之程序，先练拳架（属于徒手），如太极拳、太极长拳；其次单手推挽、原地推手、活步推手、大挒、散手；再次则器械，如太极剑、太极刀、太极枪（十三枪）等是也。

练习时间，每日起床后两遍，若晨起无暇，则睡前两遍。一日之中，应练七八次，至少晨昏各一遍。但醉后、饱食后，皆宜避忌。

练习地点，以庭园与厅堂，能通空气多光线者为相宜。忌直吹之烈风与有阴湿霉气之场所。因身体一经运动，呼吸定然深长，故烈风与霉气，如深入腹中，有害于肺脏，易致疾病也。练习之服装，以宽大之中服短装与阔头之布鞋为相宜。习练经时，如遇出汗，切忌脱衣裸体，或行冷水揩抹，否则未有不罹疾病也。

二、太极拳术十要

杨澄甫口述　陈微明录

（一）虚灵顶劲

顶劲者，头容正直，神贯于顶也。不可用力，用力则项强，气血不能流通，须有虚灵自然之意。非有虚灵顶劲，则精神不能提起也。

（二）含胸拔背

含胸者，胸略内含，使气沉于丹田也。胸忌挺出，挺出则气拥胸际，上重下轻，脚跟易于浮起。拔背者，气贴于背也。能含胸则自能拔背，能拔背则能力由脊发，所向无敌也。

（三）松腰

腰为一身之主宰，能松腰然后两足有力，下盘稳固。虚实变化皆由腰转动，故曰"命意源头在腰隙"，有不得力必于腰腿求之也。

（四）分虚实

太极拳术，以分虚实为第一义。如全身皆坐在右腿，则右腿为实，左腿为虚；全身坐在左腿，则左腿为实，右腿为虚。虚实能分，而后转动轻灵，毫不费力。如不能分，则迈步重滞，自立不稳，而易为人所牵动。

（五）沉肩坠肘

沉肩者，肩松开下垂也。若不能松垂，两肩端起，则气亦随之而上，全身皆不得力矣。坠肘者，肘往下松坠之意。肘若悬起，则肩不能沉，放人不远，近于外家之断劲矣。

（六）用意不用力

太极拳论云：此全是用意不用力。练太极拳，全身松开，不使有分毫之拙劲，以留滞于筋骨血脉之间，以自缚束。然后能轻灵变化，圆转自如。或疑不用力何以能长力？盖人身之有经络，如地之有沟洫。沟洫不塞而水行，经络不闭则气通。如浑身僵劲充满经络，气血停滞，转动不灵，牵一发而全身动矣。若不用力而用意，意之所至，气即至焉。如是气血流注，日日贯输，周流全身，无时停滞。久久练习，则得真正内劲。即太极拳论所云"极柔软，然后极坚刚"也。太极拳功夫纯熟之人，臂膊如绵裹铁，分量极沉。练外家拳者，用力则显有力，不用力时，则甚轻浮。可见其力，乃外劲浮面之劲也。不用意而用力，最易引动，不足尚也。

（七）上下相随

上下相随者，即太极拳论所云"其根在脚，发于腿，主宰于腰，形于手指，由脚而腿而腰，总须完整一气"也。手动，腰动，足动，眼神亦随之动。如是方可谓之上下相随。有一不动，即散乱矣。

（八）内外相合

太极拳所练在神。故云："神为主帅，身为驱使。"精神能提得起，自然举动轻灵。架子不外虚实开合。所谓开者，不但手足开，心意与之俱开；所谓合者，不但手足合，心意亦与之俱合。能内外合为一气，则浑然无间矣。

（九）相连不断

外家拳术，其劲乃后天之拙劲。故有起有止，有续有断，旧力已尽，新力未生，此时最易为人所乘。太极拳用意不用力，自始至终，绵绵不断，周而复始，循环无穷。拳论所谓"如长江大河，滔滔不绝"，又曰"运劲如抽丝"，皆言其贯串一气也。

（十）动中求静

外家拳术，以跳踯为能，用尽气力，故练习之后，无不喘气者。太极拳以静御动，虽动犹静，故练架子愈慢愈好。慢则呼吸深长，气沉丹田，自无血脉偾张之弊。学者细心体会，庶可得其意焉。

三、论太极推手

杨澄甫口述　陈微明录

世间练太极者，亦不在少数。宜知分别纯杂，以其味不同也。纯粹太极，其臂如棉裹铁，柔软沉重。推手之时，可以分辨。其拿人之时，手极轻而人不能过。其放人之时，如脱弹丸，迅疾干脆，毫不费力。被跌出者，但觉一动，而并不觉痛，已跌出丈余外矣。其黏人之时，并不抓擒，轻轻黏住，即如胶而不能脱，使人双臂酸麻不可耐。此乃真太极也。若用大力按人推人，虽亦可以制人，将人打出。然自己终未免吃力，受者亦觉得甚痛，虽打出亦不能干脆。反之，吾欲以力擒制太极拳能手，则如捕风捉影，处处落空，又如水上踩葫芦，终不得力。此乃真太极意也。

第二章
杨氏太极拳动作图解、用法及歌诀

一、杨氏太极拳拳势名称顺序

第一式　预备势
第二式　起　势
第三式　揽雀尾
第四式　单　鞭
第五式　提手上势
第六式　白鹤亮翅
第七式　左搂膝拗步
第八式　手挥琵琶
第九式　左右搂膝拗步
第十式　手挥琵琶
第十一式　左搂膝拗步
第十二式　进步搬拦捶
第十三式　如封似闭
第十四式　十字手
第十五式　抱虎归山
第十六式　肘底看捶

第十七式　左右倒撵猴
第十八式　斜飞势
第十九式　提手上势
第二十式　白鹤亮翅
第二十一式　左搂膝拗步
第二十二式　海底针
第二十三式　扇通背
第二十四式　撇身捶
第二十五式　进步搬拦捶
第二十六式　上步揽雀尾
第二十七式　单　鞭
第二十八式　云　手
第二十九式　单　鞭
第三十式　高探马
第三十一式　左右分脚
第三十二式　转身左蹬脚

第三十三式　左右搂膝拗步
第三十四式　进步栽捶
第三十五式　翻身撇身捶
第三十六式　进步搬拦捶
第三十七式　右蹬脚
第三十八式　左打虎势
第三十九式　右打虎势
第四十式　　回身右蹬脚
第四十一式　双峰贯耳
第四十二式　左蹬脚
第四十三式　转身右蹬脚
第四十四式　进步搬拦捶
第四十五式　如封似闭
第四十六式　十字手
第四十七式　抱虎归山
第四十八式　斜单鞭
第四十九式　野马分鬃
第五十式　　揽雀尾
第五十一式　单　鞭
第五十二式　玉女穿梭
第五十三式　揽雀尾
第五十四式　单　鞭
第五十五式　云　手
第五十六式　单　鞭
第五十七式　下　势
第五十八式　金鸡独立
第五十九式　左右倒撵猴

第六十式　　斜飞势
第六十一式　提手上势
第六十二式　白鹤亮翅
第六十三式　左搂膝拗步
第六十四式　海底针
第六十五式　扇通背
第六十六式　转身白蛇吐信
第六十七式　搬拦捶
第六十八式　揽雀尾
第六十九式　单　鞭
第七十式　　云　手
第七十一式　单　鞭
第七十二式　高探马带穿掌
第七十三式　十字腿
第七十四式　进步指裆捶
第七十五式　上步揽雀尾
第七十六式　单　鞭
第七十七式　下　势
第七十八式　上步七星
第七十九式　退步跨虎
第八十式　　转身摆莲
第八十一式　弯弓射虎
第八十二式　进步搬拦捶
第八十三式　如封似闭
第八十四式　十字手
第八十五式　收　势

二、关于图解的说明

（1）图解中的动作分解图，其中61图姿势及其重式，是按照杨澄甫先生生前拳照摹绘的。为便于读者学习参考，按杨澄甫先生原照绘的图号（不包括重式）列于后：3、6、9、11、14、17、21、23、27、32、34、42、58、62、65、69、83、87、90、96的侧面图、110、112、113、116、123、143、145、153、156、162、165、168、170、174、177、178、181、191、195的侧面图、198的侧面图、204的正面图、207、237、239、242、268、272、275、279、309、312、314、346、385、388、392、411、413、419、422、439。

（2）为了便利读者查对拳势方向，把图照中姿势的方向约定为：面向读者等于向南，背向读者等于向北，面向读者右面等于向东，面向读者左面等于向西。练拳以面南起势为佳，但也可根据场地任选方向。

（3）图中所有带有实线或虚线的箭头，均表示手或脚的动作趋向，表示由本图过渡到下一图的动作位置。

（4）带有实线的箭头表示右手或右脚的动作趋向，带有虚线的箭头表示左手或左脚的动作趋向。

← 表示全脚着地

← 脚旁无阴影者，表示全脚离地

← 表示脚跟着地

← 表示脚尖着地

（5）与前面某一式相同的拳势，仍列出图势，便于摹练，其动作说明、要领等可参考前面相同的拳势，不再重复。

（6）由于太极拳中脚的动作也较细致，为了表明脚与地面的关系，在脚旁绘上阴影，以资区别。

（7）动作说明中的"臂外旋"，是把拇指所在的一侧朝掌背方向旋转；"臂内旋"，是把拇指一侧朝掌心方向旋转。"掌心朝内"是朝向自身，"掌心朝外"是朝向身外。"尺骨"，在前臂的靠小指一边，"桡骨"，在前臂的靠拇指一侧。

三、杨氏太极拳动作图解及用法说明

第一式　预备势

动作：

两足左右分开站立，脚尖朝前平行，与肩同宽；两臂自然下垂，肘关节微屈，腋下留有约一拳之空隙；两掌心朝内，五指自然伸直而微屈；头正直，目平视。（图1）

要领：

（1）预备势要求"立身中正""不偏不倚""不俯不仰"。身体重心放在两脚掌心。

（2）"虚灵顶劲"，要求下颌微内收，颈自然松竖。唇微闭，齿轻合，舌尖轻抵上腭；呼吸自然，目光自然平视，精神自然领起。

（3）"含胸拔背，气沉丹田"，要求两肩松沉，不可有意向前拱合；胸部不挺不收，自然松宽，气贴于背而不可做拔背驼形之状。腰要松，腹要实。

（4）"尾闾中正"，要求臀部勿外突，胯根微收。预备势的总体要领，要求心静体松，周身骨节、

图1

肌肉、内脏在意识的引导下，自然松弛，形成上虚下实，做到"立身中正安舒"并贯串于整个套路动作之中。

用法：
守我之静，待彼之动。

歌诀：

　　　　　混沌未开太极前，摄得真精顶内煎。
　　　　　提神顶劲精神注，平腕坠肘势自然。

第二式　起　势

动作：

（1）两臂徐徐向前举至肩高，同肩宽，同时臂内旋使两掌心朝下，五指朝前，不可垂手。两手上举时，应缓慢均匀地深吸气。（图2）

（2）随即两肘下沉，带回前臂渐渐向下按至两胯旁前，掌心朝下，五指朝前。在两臂下落时，两臂微外旋，同时徐徐呼气。眼仍向前平视。（图3）

图2　　　　　　　　　　　图3

要领：

（1）拳论曰："一举动，周身俱要轻灵，尤须贯串。"又曰："其根在脚，发于腿，主宰于腰，形于手指。由脚而腿，而腰，总须完整一气。"太极起势亦然，一举动，其意由根而起，由指而领。虽形只有双臂的运动，实则周身意、气、劲贯通。举臂时，应以两手中指领劲，带动腕、前臂、上臂。而不是食指领劲，食指翘起，初学者尤应注意。落臂时，则肘尖下沉，带回前臂，内气徐徐沉入丹田。其势劲点在腕、前臂背部。

（2）习拳时，自起势至收势，每个动作都要求"沉肩坠肘"。比如起势，两臂前举和两掌下按时，双肩不可耸起。耸起则肩寒，不宜于体松。两臂前举时，肘不可挺直，须微屈下坠，落臂时肘尖带动，及至两掌落至两胯前，仍然要使前臂微屈，肘尖微露，处处使肘关节曲中求直，直中寓曲。即所谓，劲似松非松，将展未展。以下所有动作，四肢皆不可笔直而失去弹性。

（3）要求坐腕。所谓坐腕，就是把掌根下沉，手指节微微上翘，但不可用力。五指自然舒展，不可用力张开，掌心微凹，这样才能把劲贯至掌根，手指也有所感。能坐腕，才能"形于手指"。

（4）太极拳从起势到收势，一举动，俱要势势连贯，绵绵不断，一气呵成。动作与动作转换之间，既要做到家，又要似停非停。比如该势两掌前举至肩高时即下落，其间不可有停顿现象，及至两掌落至胯旁，意亦准备下一动势，总归势势"无令丝毫间断耳"。

（5）此势两臂下落时，两腿仍然直立，不要弯曲下蹲，这与原国家体委编写的88式和24式不同。但是应当强调，两腿不屈并不意味着两腿僵直。而是随着双臂的上举，两腿胯、膝关节微拔微长，随着双臂的下落，两腿胯、膝关节微松微屈，此即所谓"寓动于静，静中求动"。

用法：

（1）设对方于我身后两手分握我下臂近腕处，我两手即以松沉劲向前平举，对方之握必解。

（2）设对方于我前方双手按握或推我下臂近腕处，我腕部以松劲接住对方双手，以掤劲向前举起，则对方直推之力自卸。

歌诀：

沉气举手腕须平，黏缠双臂肩宜松。
按下松腹归元候，吐尽浊气清气生。

说明：

关于太极拳用法，每势变化万千，不一而足。本书为使学者容易了解及正确练习起见，只点其大概。而书中所说劲点，亦是结合其技击意义，以引起学者的注意，意在升阶有级。但应当说明，太极拳至大成时，尚意而不尚劲，不可拘泥于一般。关于运劲，后面再叙述。

关于太极拳的呼吸，在整个套路中，应力求自然，不必分心于呼吸与动作的配合，所谓"气以直养而无害"。当动作熟练之后，盘架子时应注意开呼合吸，降呼升吸，沉呼提吸，特别是在推手熟练时会自然遵循这个规律。但是必须自然，勉强配合呼吸，就会感到胸闷、憋气，此为练拳之大忌。总之，以松静悠扬的腹式呼吸最为理想。"呼吸法的极意是如何忘却呼吸"。

第三式　揽雀尾

1. 左掤势

动作：

（1）两膝微屈，两胯根微收，身体略沉，两掌微起，重心落于两腿之间，成小马步。随着身体渐沉，右脚尖外撇60°，身随体转，重心渐移于右腿，屈膝坐实。随之左脚渐起，左脚尖向右至右踝内侧虚悬。与此同时，右掌随转体自下经腹前向上至右胸前约三个平拳，再向右、向内、向左抹转一个小圈，掌心朝下；左手也同时经腹前向右弧形抄至右掌下方，随抄随着臂外旋使掌心翻朝右上方。此时，两掌相对如抱球状，右肘稍坠、略低于腕，两臂呈弧形。眼神随体平视，稍先于右臂领前，

并要顾及双臂。（图4、图5）

（2）右腿支撑全身重量，身体微左转，左胯根松开，左脚向正前方迈出一步，先以脚跟着地。随着重心移向左腿，左脚尖微朝内扣30°左右，全脚踏实，弓左腿，蹬右腿，成左弓步。此时的左脚尖与右脚掌心在一条直线上。当左脚跟落地、脚尖微扣、随着弓步时，身体渐向右转，朝正西。同时，左肘稍屈，前臂向左上弧形掤出，左掌高与肩平，不超过左膝，掌心朝右偏上，左肘与腕平微沉，肘尖与左膝齐；右掌向前而右弧形下採与胯齐，掌心朝下，坐腕，手指朝前，指节微翘。眼向前平视，眼神顾及两掌。（图6）

图4　　　　　　　　图5　　　　　　　　图6

要领：

（1）《十三势行功心解》曰："切记一动无有不动，一静无有不静。"本书在叙述手、眼、身、法、步的动作时虽有先后，但身体各部必须同时开始和同时完成，做到协调一致。

（2）分虚实，是太极拳术第一要义。如该势左腿前迈时，则全身皆坐于右腿，右腿为实，左腿为虚。即以坐实之腿沉住腰胯，来控制所迈之步。迈步时，应先提起大腿，膝尖领起，小腿肌肉放松，脚跟似有探索性地着地，方能避免上步时的笨重，做到"迈步似猫行"。

（3）两腿的虚实转换，身体的左右转动，均要以腰为轴。首先要做到松腰，松腰方能"气沉丹田"，下盘稳固，两腿有力而转动灵活。同时又要求有挺拔感，在松沉中有上拔之意，才能避免塌腰或猫腰之病，立身中正。《十三势歌》曰："命意源头在腰隙，变转虚实须留意。"又曰："刻刻留意在腰间，腹内松净气腾然。"习拳者不可不毕生求之。

（4）此势动作时，先以右手为主，劲点在掌缘，内含採意。左手掤出时以左手为主，劲点在肘尖、前臂一侧，横劲，内含掤意。定势时，两手指方向不能散，顺着指尖方向顺延，似有弧形拢合之意，亦即劲力不能散。腰侧之劲与两手臂顺延之劲拢合，亦即劲力要整。

用法：

对方用右手击我胸部，我用右手採住对方右前臂，左手粘黏对方上臂肘节处，双手往右顺採，使对方来劲落空，而左膝足提起，有封顶对方右腿之意。若对方抽手回步，我左手臂或在对方臂上，或在其腋下，用横劲掤出，而左足落地时，有踩、勾对方腿脚之意。

歌诀：

初运鸿蒙阴阳现，起落开合太极圈。
转身左掤出左步，右採横掤任自然。

2. 右掤势

动作：

（1）腰微左转，左胯根微外旋内收下沉，使重心渐渐全部移于左腿，右腿自然领起，右脚经左踝内侧弧形自然提起，膝尖和足尖朝前。随转体，左臂内旋，左肘尖向左后微下撤，掌心朝右下，移于左胸前尺许，沉腕。同时右掌由右向左经腹前弧形前抄，臂外旋，使掌心翻朝左后上方，与左掌成抱球状，两臂呈弧形。眼神略顾及左臂后撤，即渐转向右臂前方平视。（图7）

（2）右脚向前，先以脚跟着地，随着重心逐渐移至右脚而全部踏实。弓右腿，蹬左腿，成右弓步。同时，随着弓步，身体微向右转，右前臂向前上掤，掌心朝内，高与肩平，肘稍低于掌。左掌随右臂向前推出，指节

朝上，掌心朝外，停于右腕节下，相距约一拳，沉肘坐腕。眼神顾及右手掤出，平视前方。（图8、图9）

图7　　　　　　　　图8　　　　　　　　图9

要领：

（1）凡弓步，所弓之膝前不超过脚尖，后则以垂直于脚跟为度，膝与足尖方向一致。后脚膝节不能挺直，也不能太屈，而应寓意于直中有松。前腿承担约十分之七的重量，后腿承担约十分之三的重量。前弓脚尖朝正前方，后蹬之脚尖外撇45°～80°而全脚掌着地，横向距离约肩宽。

凡弓步，胯根需微撑开，使裆部有虚圆之感。

（2）凡掤出之手，肩关节不可前探，手臂不可过于前掤，身体不可过于前扑，需做到裆沉胯落，脊节既拔且松，然后才能气舒劲整。

（3）掤要圆撑，此势劲点在前臂前上侧，左手助之。掤为第一防线，力出于骨，劲蓄于筋，不求皮肉坚厚，而求气沉骨坚。掤势如水负舟，周身弹簧，先实丹田气，次紧顶头悬，是为掤法。

用法：

设对方用右拳向我胸部击来，我以右手腕关节截击对方的肘腕关节。而右脚落地时，有踏、蹬之意。

歌诀：

架御敌手须用掤，意欲黏回勿近胸。

最忌板滞与偏抗，活泼全在转腰功。

3. 捋势

动作：

（1）左腿微屈，腰微沉，身体微右转。同时左臂外旋，使掌心朝内上，右臂内旋使掌心朝外下，两臂微沉，随翻随微向右下採捋，左手背与右手掌约一肘距离。（图10）

（2）重心移向左腿，身体微左转约45°。坐实左腿，成右虚步。两臂随体接着向左向后边黏边捋，左手在左胁前，右手仍与左手保持原来的距离，右手略高于左手。眼神先顾及右臂左捋，将要定势时，眼神稍顾及左手，即渐向前视。（图11、图12）

图10　　　　　　　　图11　　　　　　　　图12

要领：

（1）太极拳每一势的变换，或者虚实的变换都是渐变而不是突变，这是为了动作做得细致，为了"运劲须无微不到"。这在整个套路中都应注意。

（2）此势当重心后移时，后胯关节应先微开后撤，使腰腿自然松开。当重心后移后坐时，不可蹲得过低，左膝尖与左脚尖基本齐，前腿不可挺直而要微弓，两胯微收而裆圆，才能下盘稳固而灵活。

（3）两臂回捋时，两掌距离太短则劲不易出，太长则劲易断，而应以一手搭腕，另一手搭肘节上臂处为宜。两掌不可向外豁开，也不可向下捋。定势时，肘既不能架起，也不能夹肋，要做到肘不过背，肱不贴肋，才能使捋、挤变换时，"身形顺我自伸舒"，紧凑而灵活。

（4）捋要轻随。捋时左臂松松掤住，劲点在掌背，右手轻轻黏住，劲点在掌缘和尺骨处，以意气引导来力向前，顺其来势引之延长。同时，掌握好自己的重心不被对方乘机，是为捋法。

用法：

设对方双手按我左前臂，或以左手来击，我左手或拿或採对方左手腕部，右手腕及前臂处粘黏住对方肘关节上，以引进滚动之劲捋之。

歌诀：

顺取肘腕捋勿空，不抗不匾见真功。
本有舍己从人意，原为引人从己行。

4. 挤势

动作：

身体微右转，重心渐渐前移，弓右腿，蹬左腿，成右弓步。同时，右臂外旋，使掌心朝内，左臂内旋，使掌心朝外。右臂呈弧形横于胸前，肘节稍低于腕节，左掌在前臂内侧，随着弓步右手前挤，左掌移向右掌脉门处。眼向前平视，眼神顾及右臂前挤。（图13、图14）

图 13 图 14

要领：

（1）挤势初动时，胯腰微右转，当双手挤出时，身向正前方，右手臂高度略低于掤势，注意沉肩坠肘，气沉丹田，身体不可前俯，臀部不可凸出。

（2）挤出劲点在右掌背尺骨一侧，左手助之，使之动中有惊。演练时不要贴住，似合非合。挤有两意，一是直接单纯意，二是间接反应力。前者迎合一动之中，后者如球撞壁崩回，是为挤法。

用法：

接前势，若对方抽回其手，我即随势挤进，使其跌出。

歌诀：

> 捋势变挤顺手缠，得机发劲莫迟延。
> 预防敌拳又钻来，变成双掌推向前。

5. 按势

动作：

（1）右臂内旋使掌心朝下，左掌经右掌上侧平抹，随即两掌分开，稍窄于肩，两掌心皆朝下。同时两肘屈沉，带动两掌稍下回抹。随撤随着两掌微外旋，坐腕，指尖微上翘，停于两胸前，使左掌心朝右前方，右掌心朝左前方。同时，重心渐渐移向后腿，坐实，成右虚步，但前脚尖不翘起。眼神要顾及两掌抹回。（图15、图16）

（2）两掌向前按出，微弧形向上，同时两掌微内旋，使掌心朝前偏内，指尖朝上，坐腕，掌心与肩平。随着两掌的推出，重心前移，弓右腿，蹬左腿，成右弓步。眼向前平视，眼神要顾及两掌前按。（图17）

图 15　　　　　　　　　图 16　　　　　　　　　图 17

要领：

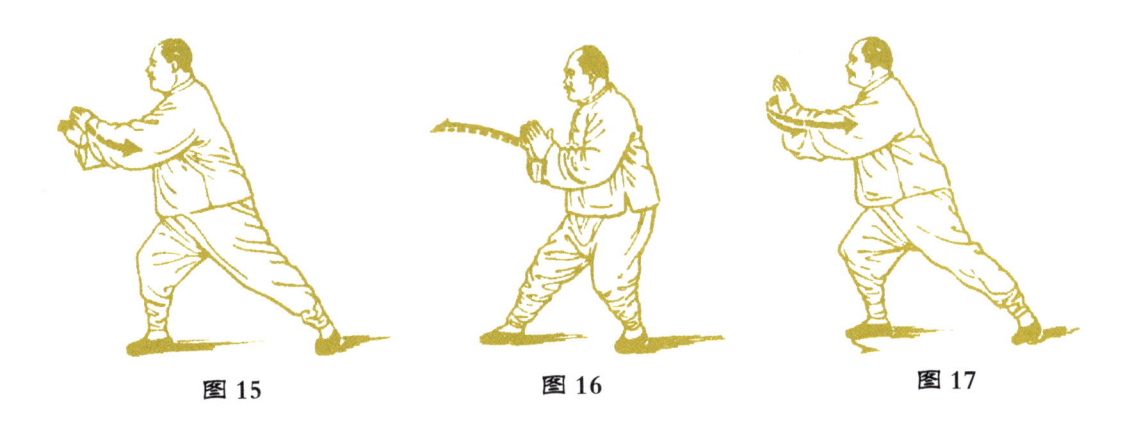

（1）两掌分时，右胯根微右沉，使身体正对前方；重心后移时，左胯根微左抽，及至将坐到位时，两胯微右转。后坐时臀部与后脚跟齐，不可再过。

（2）两臂撤回时，劲点在两手小指及掌根处，内含掤劲，两肘不可外凸，也不能夹肋。两手按出时，劲点在两手掌根处先下沉按，再平推微上，意在腰攻，使对方足跟浮起。动作将定时，两掌勿超出足尖过多，身体微后撑。由挤到按，切记"无过不及，随屈就伸"和"前去之中，必有后撑"。

（3）由挤势到按势，双臂运劲似江流水行，撤回时按化来力，柔中已寓刚，两掌按击时，已急流势难当，寓高则澎满，逢低则下潜，波浪起伏，是为按法。

用法：

对方双手按我手臂，我前臂即分开贴住对方两前臂内侧引进化其力，随即双掌向前按击对方胸部，或双手按住对方来力，对方抽臂时，我双手按击其肘部或腕部，使对方仰跌于地。

歌诀：

挤若落空变按柔，自是从人无他求。
伸腰攻步为助势，左按腕节右按肘。

揽雀尾总诀：

太极拳法妙无穷，掤捋挤按雀尾生。
掤式劲点在两臂，捋式劲点在掌中。
挤式劲点在前臂，按式劲点在腰攻。
欲知此中玄妙处，勤练推手功乃成。

说明：

揽雀尾掤、捋、挤、按四势，为太极拳之总手，在套路和推手中具有重要的位置，也是较难掌握的动作之一。初学时，应对其中各势的要求反复演练，细心体会，一势掌握熟练，再求一势，不可一蹴而就，否则陋习渐深，日后难改。现以揽雀尾为例，将其有关要求加以说明，也是各势中共同的要求，望习者参考和体会。

（1）在演练太极拳时，首先要注意心静意动。未动之前，摒除杂念，心静气和，内外放松，意存丹田。一切安排就绪，体舒气和，即可动作。一旦势动，则应全神贯注，不断用意念来指导每一动作的正确性、协调性、连贯性和圆活性。前进后退，左顾右盼，开合虚实，力求"上下相随，内外合一"。比如挤势，两手挤出时，先要有向前挤的想象，并感到劲力入榫时，整体动作随即跟上。接下势依然如此，意不断，劲不断，势势相连，形随意动。日久功深，自有行云流水之形象，意趣横生之妙感。

（2）关于运劲，前面已经提过关于劲点的问题。所谓劲点，即着力点，但并不是就在此处用力、使劲或紧张，而是要求关节放松，肌肉放松，意存感觉。比如右掤势，劲点虽然在右前臂一侧，但周身应当做到松沉，而不是死劲。所谓运劲，就是劲点随着动作的不断变化而不断转移。劲点与用意一样，连连不断，在意识指导动作的作用下，做到"意到气到，气到劲到"。这就要求做到动作"绵绵不断""运劲如抽丝"。具体到动作中，应时刻贯串"其根在脚，发于腿，主宰于腰，形于手指"的运动要求。比如由挤到按，两脚着地，意贯足尖、跟，有入地三分之感，谓之"其根在脚"。由左实右虚，变左蹬右弓，谓之"发于腿"。重心的移动，腰是躯干运动的枢纽。弓步时，腰部微右转，微向上、向下再向前地旋转弧形运动，引导着整体动作、劲力和方向，谓之"腰为车轴""主宰于腰"。进而通过腹部、脊部的肌肉缓慢收缩、伸展，将劲力渐渐传递于肩、肘而达掌根向前按出，并且通过坐腕，手指微张，使劲透达，此谓之"力由脊发"而"形于手指"。当然，在完成这一运动过程中，还要做到"松腰胯""尾闾中正""气沉丹田""含胸拔背""沉肩坠肘""虚灵顶劲"等要求，才能增强两足力量，稳定重心，"节节贯串"，达到完整一气的"劲整"效果。

同时，劲的转换也是这样。如由掤转为捋势，也是通过由脚而腿而腰地将右手原在近腕部桡骨一侧的劲点，移经小指一侧腕部，到达近腕部的尺骨一侧，将左手的掌根一处的劲点，移经食指和大拇指的一侧，到达近腕部的桡骨一侧。需要强调的是，每一姿势的起、承、转、合，劲路的旋转变化，要似停非停，着着贯串，"无使有缺陷处，无使有凸凹处"，方有粘黏圆活之趣。

（3）关于眼法，正确运用眼法是练好太极拳的重要内容。眼法掌握的基本要求是能够恰如其分地反映出思想活动的意图，即"眼为心之苗"。它的基本点是"眼随手转""以眼领手""左顾右盼""神形兼顾"。

凡动作变化，首先用意指导身体的内动与外动，而眼神先向预定的方向领势，然后身法、步法、手法紧紧随上。比如左掤势，当两手由下向左、向上再向右画弧时，右手为主，眼随右手，顾及左手。当两手抱球，上左步，左手准备随弓步掤出时，眼先向前平视。随着身体右转定势时，眼神一直顾及双手的起、承、开、合。当动作将要完成时，眼睛总是稍先于手到达定势的方向，这就是"眼为心之苗""一转眼则周身全动""一动俱动，一到俱到"，而神形合一。

所谓"左顾右盼"，不可理解为头眼左右乱转，前低后仰，而是头部处处"虚灵顶劲"，眼神与身体转动的方向一致。眼神不仅要领着主手方向前视，又要顾及两手臂的运动，还要能够听视到身体前后左右的动静。

对目光的要求，也要做到神情自若，不可强作怒目瞪眼或低眉垂目，也不能死盯着手或某一处。总而言之，手、眼、身、法、步相随，进、退、顾、盼、定协调，以眼传神，神气活现，日久自能达到气象万千的技法和表演的效果。

第四式 单 鞭

动作：

（1）以右脚跟为轴，右脚尖微翘，尽量内扣约135°，身体左转，重心仍在右腿；同时两掌微放平，使掌心朝前下，随转体两掌自右向左抹转半个平面椭圆至东南方向，两掌宽、高不过肩。眼神随转体向前平视转移，稍先于左掌，以眼领手，同时顾及右手。（图18）

（2）身体微右转，两掌自左前方屈肘微收，经胸前向右抹半个平面椭圆至右胸前，两掌心仍朝前下，宽与腋窝齐，高稍低于肩。眼神平视右前方，顾及右掌。（图19）

图18

图19

（3）重心全部落实于右腿，左膝领起，左脚离地并向内收，脚尖自然下垂；同时右掌渐渐向右斜方伸出，边伸展边五指尖撮拢下垂成吊手；身微左转，左掌臂外旋，掌心朝内，高与口齐。眼神顾及左掌旋转和右手展出。（图20）

（4）身体继续向左微转，左脚随转体向左正方向迈出，先以脚跟着地，重心渐渐左移而至全脚踏实，弓左腿，蹬右腿，成左弓步。同时，右吊手继续松肩右伸，左掌经面前，顺着左腿的方向移动，随移随臂内旋，将掌心翻朝前推出。眼随左手移动，稍先于左掌到左方。（图21）

图20　　　　　　　　　　图21

要领：

（1）当两手微放平时，右脚趾尖轻轻领起，手与脚尖同时向左旋转。脚尖内扣时不得明显翘起，脚踝部不得紧张，紧张则不能轻灵。

（2）由按势向左、向右往复运动时，切记右足重心不变，这与改编的国家套路24式、88式不同。注意松腰胯，两腰眼左右抽换，"命意源头在腰隙"，方能转换得灵，圆活有趣。

（3）两臂随腰画弧时，做到两臂相系，双手相跟，轻灵松活。总要一手前、一手随、一手实、一手虚，实中有虚，虚中有实，意在粘连黏随。

（4）旋转时身体要正，去时胸不俯，回时身不仰，还要注意身势的平稳，不可忽高忽低。

（5）单鞭势将定时，随着左步弓和左手前推，右吊手微向右后舒开，双手有同时拔展之意。随着定势，同时做到"虚灵顶劲""松腰胯""气沉丹田"和"沉肩坠肘"。

（6）定势时，左手尖、鼻尖、足尖方向一致，三尖相对，右吊手五指撮拢下垂，腕关节凸起，注意左右肩平。同时，对身体整体的要求，要做到"外三合"，即"肩与胯合，肘与膝合，手与足合"。这不单是对此势这样要求，势势都要求做到。凡在演练中，开则俱开，合则俱合，开中有合，合中有开，开合有致。各关节对称协调的配合，是做到"立身中正安舒""气势浑厚"的基本要领。但也不能机械地认为处处对死,只要随时注意形到、意到,神气自然做到。习者在演练过程中须认真领会,处处留意。

（7）此势劲点,左右圆转时在两掌心,右手舒开变吊手时在尺骨腕部、小手指一侧,进而到达掌背腕部。左手随着弧形掤按,则由肘部桡骨一侧,转至尺骨掌缘、掌缘根。此势为开劲。

用法：

（1）单鞭双手左右平圆地画弧,是以我的左手接住对方的左手腕部,以我的右手黏住对方的左肘或肩部,以腰腿劲向左前推去,或随对方来劲,双手黏住对方腕肘,以引劲、沉劲向右前送出,动摇对方根基。此势是太极推手中揉肘功法,含推、拿、引、发的基本技法。

（2）或曰：当对方左手向我胸前击来,我以右手臂黏住,变吊手以腕背撞击对方心窝,或以五指撮拢指尖戳击对方心窝。

（3）或曰：设对方从左后由上至下来击,我转身以左手臂掤接并转旋外捯,并随势伸掌按击对方腋部,兼出左足踢、踩对方下肢,以助左臂甩按之威势。

歌诀：

　　　　追魂钢鞭当甩胸，左像箭来右似弓。
　　　　近得身来劲变捯，靠肘掤按任君行。

第五式　提手上势

动作：

（1）左脚尖内扣约30°踏实,同时左胯根微收微坐,身体渐渐右转,重心全部落于左腿。右脚以膝领起,小腿自然提起微收,并在身体正南一步,偏右落地,脚尖自然翘起,右膝微弓,成右虚步。在转体时,右吊手变掌,与左手同时掌心朝下，坠肘，两臂微沉微合于两肋旁前。随着右脚迈出落地，两掌合劲，臂外旋，微弧形提起，向身体前方偏右伸出，右掌在前，高与鼻尖齐，掌心朝左。左掌在后，掌心朝右，正对右肘关节，高与胸齐。眼神始终顾及两掌动作，成提手时，通过右掌向前平视。（图22、图23）

图22 　　　　　　　　　　　图23

（2）左胯根微内收，腰微左转，右膝提起，右脚略带弧形勾回，小腿自然放松。同时左肘微后撤，左掌内旋，使掌心朝下，移于左胸前。右手向下弧形抄至左手下侧，随抄随着臂外旋，使掌心朝后，与左手略成抱球状。眼神稍先顾及左手后撤，随即转向前平视。（图24、图25）

（3）右足前迈于原地落下，先以脚跟着地，腰渐左转，右脚尖以右脚跟为轴，渐内扣30°踏实，重心渐渐全部移于右腿，右腿下蹲坐实。在上步转腰的同时，右臂向前挤出，随挤随带肩靠，右掌与肩平，肘低于腕。左手坐腕，附于右肘关节内侧，随右臂前挤。眼神先于右臂前挤，随即移视右掌。（图26）

图24 　　　　　　图25 　　　　　　图26

要领：

（1）由单鞭过渡到图23动作，身体重心始终在左腿。扣左脚转体和收右脚出步时，均由两髋部转动进行双腿虚实轻重的调节，身体不可呆板，也不可左右摆动。当右脚落地时，身体重心微沉前移，前脚负重约十分之一。双手伸出应松松送出，臀部不可凸出，身体不可前俯，总要留意于"不偏不倚""活泼于腰""腹内松净""灵机于顶"。

（2）提手上势也要注意"外三合"的要求，身体不可太正，稍偏左，即"肩与胯合"；自觉舒适，两肘不抬不夹，松掤有度，双膝微开裆圆，自觉上下势浑然一体，即"肘与膝合"；手脚上下呼应，自觉意气相连，即"手与足合"。

（3）由图23过渡到图25，身体不可立起，应收左胯根，左腿继续微沉。由图25到图26，在挤的同时须有肩靠的意思，但身体不能失重，肩不可耸起，要保持身体的自然中正。

（4）此势劲点，以合劲为主，在两掌腕部内侧。合手出步时，左手在掌根，右手在掌、前臂尺骨一侧。回步时，左手在掌，右手在前臂尺骨一侧。出步时，劲点依次在胯、肩、肘、手外侧。

用法：

（1）设对方左手顺步来击，我即以左手採握其左腕，右手以搓合之劲截往对方右肘上臂处，右足或踩或踢对方脚面骨或脚踝骨处。此势意在"截合断封"。

（2）设对方抽臂回步，我即以右脚套住对方左脚，左手衬送对方左臂，我右手舒臂向其胸喉处捯掷。此势意在"托搓合出"。

（3）设对方双手推按我右臂，我即顺黏转腰，引进蓄势，随右步弓出，着势可肩、可肘、可手发劲。此势意在"贴身靠打"。

歌诀：

遇敌扑来胸前吼，左截右断掀彼肘。
顺引合出挤肘靠，伸腰发力敌便走。

第六式　白鹤亮翅

动作：

腰微右转，使重心全部落于右腿。左脚稍提起，移至右脚前，脚尖朝前轻点地，膝微弓。随着左脚点地，腰随和地微向左转，使身体朝正东。同时，右掌向前上弧形提起，随提随着臂内旋，使掌心翻向前停于右额前上侧。左掌也同时弧形下落于左胯旁前，掌心朝下，指向前。眼神顾及两掌上下分开，即向前平视。（图27）

图 27

要领：

（1）由提手上势过渡到白鹤亮翅，要有朝上的气势，但右腿仍要下坐，沉气落胯腰拔起，应有上下对拉、肢体拔长的感觉。定势时，左脚掌略承住力，身体重心不可过偏于右腿，臀部坐齐脚跟，力贯于地，使两腿既要虚实分清，又要稳定灵活。

（2）定势时，左前臂微抬，手臂微屈呈弧形，肘尖既不要外翻，也不要夹肋，自然松沉。右掌在上，肘尖不可抬起，意要下坠，沉肩坐腕，右手臂呈弧形，与左臂上下撑圆。

（3）此势为开劲。右手臂劲点始于桡骨一侧，随着臂内旋而旋转至尺骨一侧。左臂劲点在前臂、掌缘尺骨一侧。开时须用腰腿之功，意气拔长，内含合劲。

用法：

设对方用双手推来，或用左拳击、右腿踢，我即以右手挒架对方左臂，左手採开对方右手或腿脚，其来势自散。此式见势而用，非仅化人，也可发人。

歌诀：

　　白鹤展翅立鸡群，左採右挒敌力分。
　　敞开门户引敌进，开中寓合须用心。

第七式　左搂膝拗步

动作：

（1）右腿重心不变，右胯根微收坐，腰微右转约30°。随转腰，由肩、肘自然松沉，右掌自上而下臂外旋，经面前、胸前弧形落至右胯旁，掌心朝上。同时，左掌也随腰自下向前、向上再向右弧形移至胸前中线，高与横膈膜齐。眼神随右手平视，顾及左手移动。（图28、图29）

（2）左脚提起，脚尖自然下垂，身体向右继续微转约60°。随转体，右手弧形向右斜角上移，掌高与肩齐，掌心斜朝上。左手继续向右下弧形落于右腹前，掌心朝下，坐腕。眼神随右手掌，顾及左手。（图30）

图28　　　　　图29　　　　　图30

（3）腰腿微沉，左脚向前迈出落下，先以脚跟着地，腰微左松转。同时左掌随腰微向前左下移至腹中线，掌心朝下，而右掌同时向右耳旁移动掌心朝内下。眼神顾及左掌向前平视，并稍顾及右掌。（图31）

（4）腰继续左转至正前方。随转腰，左脚全掌落地，脚尖朝正前方，两脚横向距离同肩宽。同时重心前移，弓左腿，蹬右腿，成左弓步。左掌随转体向下经左膝前上呈半圆弧形搂至左膝旁，掌心与膝齐，五指朝前，掌心朝下。而右掌随转体和重心的前移，经右耳旁向前推出。随推随着五指领劲上翘，坐腕，掌心朝前偏左，前手高不过鼻尖，并与后脚跟齐。眼神顾及左掌搂膝，即随右掌推出前视。（图32）

图 31　　　　　　　　　　图 32

要领：

（1）右掌从耳旁推出时，不是掌心朝下、五指朝前戳出，也不是立掌向前扇出，而是侧掌使掌心微朝内下，随伸随着沉肩、坠肘、坐腕推出；左手搂膝时，也不是五指朝下、掌心朝内向外划出，而是掌心朝下坐掌，松肩屈肘向外搂出。

（2）整体动作要符合"一动无有不动，一静无有不静"的要求。如由图27到图29，两腿虽无明显动作，但随着两臂一下一上的运动，胯要收，腰要松，体微沉及丹田的旋转内动要一致。由图29到图30，右掌自下而上的右向移动要与左脚提起一致。体左转，变弓步与右掌推出要一致，势定时两掌与弓步同时到齐。四肢随合、协调的运动与"意到、气到、劲到"的"三到"要求注意统一结合起来，日久功深自然会达到"神形合一"的艺术境界。

（3）动作时要有"立如秤准，活似车轮"和"身形顺我自伸舒"的意识控制。如左脚未提起时，头、身不可低下，提左腿时身体不可后仰和高起，弓步出掌时臀部不可凸起，身体不可有前俯或滞顿、棱角等现象，应刻意追求松净自然之感和长驰大进之势。

（4）搂膝拗步为基本进步法，在套路中反复出现。太极拳中所谓进步法，即"应进即进勿彷徨，愈进愈顺则愈长。应进不进失机会，有机即进便称强"。此劲又为"长劲"，劲路不拘一点，而应浑圆裹臂、柔慢伸长，引拿人之后，将己劲渐渐伸长，发于对方焦点之上，用之于手、臂、肘、肩、腰、胯、膝、腿、足。用法上封打、引捯、搂击招招得意，也是推手中常用的变招。因此，练习该势要在上下、前后、左右注意相互呼应，力求圆满、柔顺、协调、中正、大方，初学者应作为基本功法反复演练。

用法：

设对方右拳来击，我右手将对方右臂向下沉压，左手顺势黏住对方上臂右搌，并进步管腿，左手外搂其臂，右掌进势推击，不一而是。

歌诀：

起肩过胯膝外搂，肘外须防敌暗手。
连环接打斜中找，掌按侧肋并肩头。

第八式　手挥琵琶

动作：

（1）身体微向前移动，使重心渐渐移于左腿，右脚跟抬起，同时右肩微向前松动，右手微向前送，左掌微微前起。（图33）

（2）右脚稍提起向前一脚许落下，先使脚掌落地，随后使重心渐渐全部移于右腿，身体渐向右转约45°，左脚稍抬起，距原地向前一脚许落下，以脚跟落地，脚尖微翘，膝微弓，成左虚步。同时左掌随转体向前弧形上举，随举随着臂外旋使掌心朝右，食指与眼眉齐。右掌也同时随转体微向下后撤，臂稍外旋使掌心朝左，收于左肘里侧身体中线处。两掌心前后遥对，如抱琵琶状。眼神顾及右掌后撤，随即通过左掌向前平视。（图34）

图33　　　　　　　　　图34

要领：

（1）重心一前一后的虚实转换，要求上体正直，不可前俯或后仰。右手回时要以肘带手、以肩带肘。左手上举时要以肩催肘、以肘催手。做动作时注意腰转、肩松、肘沉、腕坐。

（2）由搂膝拗步到手挥琵琶势，要有"进之则愈长，退之则愈促"和"进退须换得灵""行气如九曲珠，无往不到"之感。

（3）两手合抱时，要随着松腰拔背，两臂微向前送，有意气下沉、劲往前发之势。

（4）此势劲点在两手掌缘掌心处，为合劲。合为圆劲，圆劲意在松活紧凑，劲功在腰腿。因此，屈膝裆圆，松腰落胯，沉肩坠肘，气沉丹田，含胸拔背，虚灵顶劲，是为要点。初学者应将此势和提手上势作为基本功互换反复练习，以提高功力。

用法：

设我右掌前按时，对方右手掤住我腕部，或对方右拳顺步击来，我以右手拿住对方腕部，左手托起对方右肘，或化或採，或剪或放，兼左脚勾挂，着势而用之。

歌诀：

双手如抱一琵琶，折肘剪腕用不差。
里外圈儿由我划，左捌右採破擒拿。

第九式　左右搂膝拗步

1. 左搂膝拗步

动作：

（1）右胯根微收坐，腰微右转约30°。随腰转，由肩、由肘自然松沉，带动右掌边落边臂外旋弧形至右胯旁，使掌心朝上。同时，左掌也随腰自前向右、向下弧形移至胸前中线，高与横膈膜齐。眼神随右手平视，顾及左手移动。（图35）

动作（2）~（4）及要领与第七式"左搂膝拗步"相同。（图36~图38）

图35　　　　　　　图36

图 37　　　　　　　　　图 38

2. 右搂膝拗步

动作：

（1）重心不变，以左脚跟为轴，脚尖外撇45°，腰身相随地渐向左转。随转体，左肘微松动后移，臂外旋，使掌心渐渐翻朝上。同时右掌也随转体，自前向左微弧形下移，肘微屈，臂稍外旋，掌心朝左，高与胸齐，不超过身体中线。渐次，左胯根微内收，腹微沉，重心微前移，右膝微屈，脚跟微起。眼神向前平视，先顾右掌移动，随即顾及左掌。（图39）

（2）重心全部移向左腿，腰继续向左微转。随转腰，右膝向前领起，小腿放松自然下垂。同时，左掌弧形向左斜角上移，掌心翻朝右前，手掌与肩齐。右掌继续向左弧形落于左腹前，臂微内旋使掌心朝下，坐腕。眼神稍顾及左掌随即移顾右掌。（图40）

图 39　　　　　　　　　图 40

（3）腰腿微沉，右脚向前迈出落下，先以脚跟着地，腰微右松转。同时右掌随腰微向前右下移至腹中线前，掌心朝下。而左掌同时向肩、耳旁移动，微内旋使掌心朝前下。眼神顾及右掌向前平视，并稍顾及左掌。（图41）

（4）腰继续右转至正前方。随转腰，右脚全掌落地，脚尖朝正前方，两脚横向距离同肩宽。同时，重心前移，弓右腿，蹬左腿，成右弓步；右掌随转体向下经右膝前上，半圆弧形搂至右膝旁，掌心与膝齐，五指朝前，掌心朝下。而左掌随转体和重心的前移，经左耳旁前推出。随推随着五指上翘，坐腕，掌心朝前侧右，前手高不过鼻尖并与后脚跟齐。眼神顾及右掌搂膝，即随左掌推出前视。（图42）

图 41　　　　　图 42

要领与"1.左搂膝拗步"相同，唯左右相反。

3. 左搂膝拗步

动作与"2.右搂膝拗步"相同，唯左右相反。（图43～图46）

图 43　　　　　图 44

图 45　　　　　　　　　　图 46

要领：

（1）在传统杨氏太极拳套路中，凡上步或连续上步时，身体重心都不向后移，脚尖也不随重心后移而上翘。这与改编的国家套路要求不一样，连续上步即连续进攻，连续进攻的原则是不失时机，得机得势而一气呵成。这在进步法中称为"愈进愈顺则愈长"。增加重心后坐再前移上步动作，既不符合连续进攻的技击要求，也多加了意气转换环节，动作纷繁，也不符合杨氏太极拳舒展简洁、结构严谨的特点。

（2）凡上步，步法略带弧形，后脚经由前脚踝旁约两拳迈出，而不是由后直着向前。当后腿提起时，应以膝领足，当移至与前脚齐时，两膝应微开而不夹。当步迈出时，脚虽有蹬踩之意，但不可露形犯强，应以脚尖领劲，而膝而腿向前。在连续上步时，在机势上不可滞留，身形上时时掌握"肩与胯合"，手与足上下相随，意气相连，还要避免身体在起步落步时的忽高忽低。在气势上，"行气如九曲珠，无微不到；运劲如百炼钢，无坚不摧；形如搏兔之鹘，神如捕鼠之猫"，要体现得充分。

其他要领参看"1. 左搂膝拗步"势。

第十式　手挥琵琶

动作及要领与第八式"手挥琵琶"相同。（图 47、图 48）

图 47 　　　　　　图 48

第十一式　左搂膝拗步

动作及要领与第九式"1. 左搂膝拗步"相同。（图 49～图 52）

图 49 　　　　　　图 50

图 51　　　　　　　　　　　　图 52

第十二式　进步搬拦捶

动作：

（1）接前势，身体重心不变，左脚尖外撇 45°，腰身渐左转，左脚踏实。继而左胯微内收下沉，右脚跟离地，使身体重心渐前移于左腿。同时，右掌微向左下弧形移动，随移随变掌为拳，移至腹前使拳心朝下。左掌也随转体向左后移，手臂略外旋，使掌心微朝内下。眼神顾及右手下移，头部仍须正直。（图 53）

（2）重心渐渐全部移于左腿，右膝上提，带动小腿领起，脚尖自然下垂。同时，右拳继续向左下弧形移动，移至左腹前约两拳，拳心朝下，拳眼朝内；左掌向左、向上画弧，高不过耳，后不过肩，随画弧前臂微内旋使掌心朝右下方，掌根微坐。眼神稍顾及右拳下移，即渐转向前平视。（图 54）

（3）右脚向斜前方约 45° 迈出一步。迈步时右腿膝关节和胯微向外旋开，先以脚跟轻轻着地，脚尖微外撇。同时，腰微右转，右拳自左下向上、向右再向胸前搬出。随搬随着臂外旋，高不过锁骨，使拳心翻朝内上。而左掌也同时自左而右弧形移至右前臂内侧，在胸前拦住，掌心朝右下，掌微坐。眼神向前平视并顾及双手。（图 55）

（4）随着右脚尖外撇，全脚掌踏实，重心渐渐全部移于右脚，左脚随着跟起。同时，右拳向下弧形抽回，拳心朝上，左掌同时坐掌向前微推，掌心朝右。眼神向前。（图56）

（5）腰身微右转，体微沉，裆微开，左足向前迈出，先以脚跟着地。同时，左掌继续向前推出，沉肘、坐腕、立掌，掌心朝前偏右。而右拳微呈弧形收回于腰际旁，拳心朝上。眼神顾及左掌前伸。（图57）

（6）腰微左转，同时重心渐移于左腿，左脚踏实，弓左腿，蹬右腿，成左弓步。随转体，左手微向左拦并沉肘回收。而右拳随着转腰弓步，从腰际经胸口向前平击出，边出拳边臂内旋，使拳眼朝上，拳面朝前，右臂直中有屈。此时，左掌停于右前臂内侧，坐腕，指尖朝上。眼向前平视，眼神要顾及右拳击出。（图58）

图53　　　　　　图54　　　　　　图55

图56　　　　　　图57　　　　　　图58

要领：

（1）搬拦捶是太极拳中五捶之一。在技术上含有横肘搬拿、护中反打、贴身近靠、拦截进击等技击意义，因此在意识上要求以意运身、以气运劲。整个动作要做得轻灵圆活，不可有丝毫呆滞僵硬之拙力。

（2）在步法、身法上，不论是左转右旋或连续进步，均要求松腰胯、沉裆劲来掌握虚实开合的变化。势不起伏，身不歪斜，速度均匀，上下相随，做到"迈步似猫行""立身中正安舒"。

（3）做图53至图57动作时，右手劲点在拳背前臂一侧，左手在掌。在由左向右搬拦时，注意手脚齐动，右臂松肩坠肘旋臂向右前逼近，有以右肘尖为轴旋绕的意思，动作圆活饱满而紧凑，不可搬出太远，要做到"肘不离肋"。当右拳平击时，由腰际经由心口向前，应意会"拳由心发"。左手推出不宜过远，劲在掌心掌缘，撤回时，劲意护中，虽有弧形但要含而不露。

（4）凡握拳，都要四指卷曲，指尖轻贴于掌心，拇指压在中指中节。拳要自然握实，但不过紧。拳背与前臂平齐，腕关节不可上下内外扭拗。

用法：

设对方以右拳顺步向我胸部击来，我左脚和身体外撇45°，随即以右臂接对方右拳下侧，向右搬去，左手附其右肘向前推拦。同时我右脚抄在对方右腿之后，以我脚尖挂住其右脚跟，随右弓步势跪迫对方倒地，进而我右拳向对方击去。若对方以左手来击，我以右手搬其左臂，左手拦其右臂，同时进左步靠进，右拳跟击。搬拦捶用法变化颇多，不一而论，望习练者在推手中多体会。

歌诀：

太极五捶此为先，搬拦左右顾盼间。
护中反打进步捶，化后即打非等闲。

第十三式　如封似闭

动作：

（1）右腿膝微屈，重心稍后移。同时，右拳变掌外旋，使掌心稍朝上，并微左移；左掌掌心平朝下，并经右肘下向右外微伸，随伸随着臂外旋，使掌心朝内。（图59）

（2）紧接着，身体重心继续后移。右臂沉肘，手掌向内弧形抽回，随撤随着臂稍内旋使掌心翻朝内；左手同时沿着右臂下向前掠出，一边掠一边臂外旋使掌心翻朝内，两臂交叉，右臂在内，左臂在外，两掌高与肩平，指尖斜朝上。此时身体重心落在两腿中间，眼神顾及两掌动势。（图60）

图59　　　　　图60

（3）重心继续后移，右腿坐实；同时两掌向左右分开，随分随着松肩、沉肘臂内旋，使两掌心相对，停在两胸前，两掌宽度稍窄于肩。眼神顾及两掌分开。（图61）

（4）重心转向前移，弓左腿，蹬右腿，成左弓步；同时两掌向前微向上弧形按出，随按随着两臂继续内旋使掌心翻朝前微内扣，坐掌，腕与肩平。眼向前平视，眼神顾及两掌按出。（图62）

图61　　　　　　　　图62

要领：

（1）当身体重心后移时，两胯骨与两肩肘同时向后抽，保持身体的中正安舒，不可做成重心似坐非坐，单是身体后仰。两手的抽回和分开，也不可故意向右转或左旋，要使身体保持朝正前方。当后腿坐实时，注意不可使身体单偏朝右，臀部应坐与后脚跟齐。腰腿之间不可捆死。

（2）两掌随重心封回时，要松肩坠肘。两掌略沉，两肘略分，微含掤意，两肘后撤不可夹肋自缚其身。两臂无论是后撤或前进总要随腰腿协调一致，不要做成腿后坐了手还没收回，或腿弓到了手还没按出。在重心前移两掌按出时，裆劲略下沉，两掌过半路略向上随弧形向前推出，但在外形上要做得含蓄。凡此皆是意而不在外。

（3）此势为开合劲。见入则开，敌去则合。开有开展之意而须用腰腿之功，合时劲圆而紧凑须裆沉腰攻。开合联用，即一虚一实、一蓄一发。其势，"意欲向上，必先寓下"，俱在意气转换之间。

用法：

设对方以左手握我右拳或推我右臂，我右手即翻掌上扬折回，我左手从右肘下向前格去，即成一封势。若对方以双手来按我左手，我左手即引化翻掌朝前，变两手心向对方肘腕按住，使其不得走化，又不得分开，此谓之闭。随用长劲按去，将其掷出，同时护住我胸肘。

歌诀：

　　　　　　扬掌格肘十字封，开化合手闭含攻。
　　　　　　推按顺防刹不住，哼哈之间腰腿功。

第十四式　十字手

动作：

（1）左脚尖内扣90°，同时身体右转，重心偏于左腿，随转体，两掌微内旋，两肘微撑开，两臂等距离地随体渐上移，带动两掌移至额前约三拳，两臂呈环形，掌心朝外。眼神随体平视。（图63）

（2）重心全部移于左腿，右脚跟离地，体微沉；同时两臂呈弧形渐开，两手同肩高，两掌心朝前下。眼神顾及两掌分开，略偏视于右掌。（图64）

（3）随即右脚全脚提起，左移与左脚平齐同肩宽。先以脚尖着地渐至全脚踏实；同时，两臂继续弧形下落，稍外旋合抱于腹前，右手在下，左手在上，两掌心朝内下，随着重心均移，身体渐渐立起，两膝直中有屈；随着身体立起，两手向上捧起至锁骨前。随举随着臂外旋，使掌心朝内，右手在外，左手在内，两手成为十字交叉。眼神先顾及两掌画弧，当两掌将要交叉时，即向前平视。（图65）

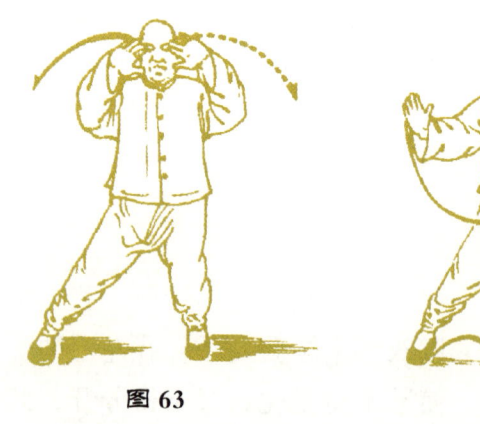

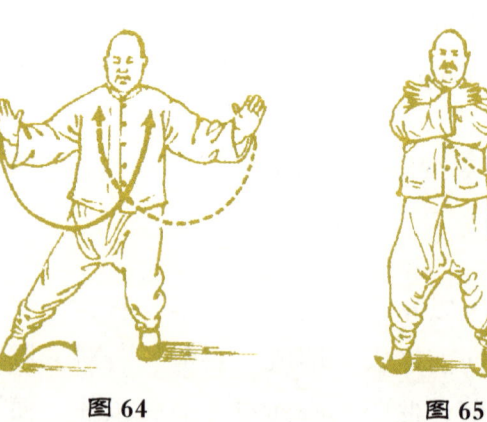

图63　　　　图64　　　　图65

要领：

（1）由前势图62做图63动作和由图64做图65动作时，两肩肘务须松沉，不可耸肩亮肘。整个十字手，双臂的运动要做得松净圆活，不僵不硬，饱满柔韧。当两手合十上举时，有微前掤之意。

（2）当左脚尖内扣渐至踏实时，右脚跟即渐渐离地提起，一脚踏实，另一脚即起，此起彼伏似跷跷板一样。像前势的"搬拦捶"、接下势的"抱虎归山"和后面的"肘底看捶"等动作，都要注意一脚踏实、另一脚即起的虚实连贯变化的步法要求。

（3）两膝屈蹲时，身体不可趴下；身体立起时，不可后仰。注意做到劲贯足跟，虚灵顶劲，收住尾闾，松腰拔背。整个十字手动作，务要做得圆活松净，立身安舒，上下相随，柔中寓刚。

（4）十字手势也是一开一合劲，劲点在臂腕、掌缘和五指间。画弧形一周时，意贯指尖，指关节务必要活。结成十字手势时，腰膝稍松下沉，似有千变万化之势尽由此势演出。

用法：

设对方从我右侧用手自上打下，我以两臂大展分开。大展既有掤开之势，也有拿人手背之意。两手一合，既有封我门户之势，也有掤架对方推掌击拳之意。

歌诀：

扣脚即寓裆中击，转身掤开敌两臂。
缠拿裹封开合手，相机变化莫迟疑。

第十五式　抱虎归山

1. 抱虎归山

动作：

（1）腰微向右松转；同时左脚尖内扣45°踏实，两腿渐渐屈膝下蹲，重心渐移于左腿。随着重心的左移，右脚渐渐提起，先以脚跟离地；

与此同时，左掌随以肘带手自胸前向左下抽，左掌移至左胯前，掌心朝内。同时右肘自然下沉，带动前臂内旋，随着前臂内旋右掌微上扬向内、向下微画弧移至左胸前，掌心朝下。眼神顾及两掌移动，即随左掌前视。（图66）

（2）体微沉，右腿提起，小腿放松自然下垂；同时，左掌弧形向左斜角上移,掌心翻朝右前,手掌与肩齐。右掌继续左弧形落于左腹前,掌心朝下，坐腕。眼神稍顾及左掌上举，随移顾及右掌。（图67）

（3）松腰胯，体右转，右脚向西北方向迈出落下，先以脚跟着地；同时右掌随腰微向前右下移至腹中线前，掌心朝下。而左掌同时向肩耳旁移动，微内旋使掌心朝前下。眼神顾及右掌向前平视，眼稍顾及左掌。（图68）

（4）腰继续右转，随转体，重心渐移于右脚，脚尖踏实，弓右腿，蹬左腿，成右弓步；同时右掌继续向下经右膝前上，弧形搂至右膝旁，左掌经左耳旁向前推出。眼神顾及右掌搂膝，即向前平视。（图69）

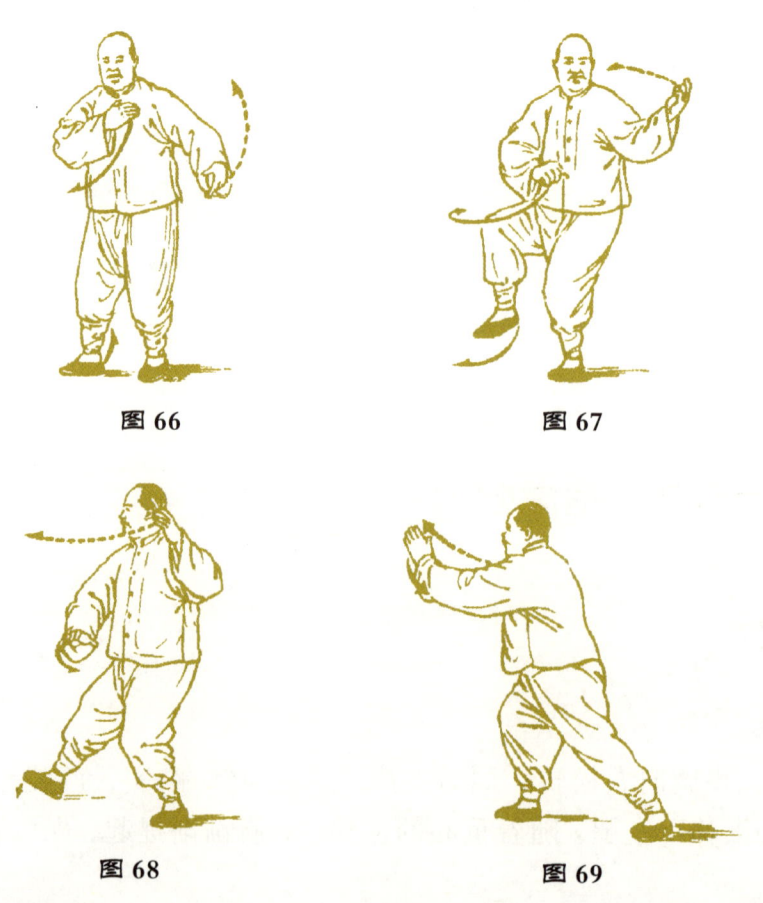

图66　　　　　　图67

图68　　　　　　图69

要领：

（1）由十字手开始，扣脚尖、松转腰、分两手等动作时，要做到"一动无处不动"，不要顾了这个丢了那个。左手肘下抽时，注意肘和腰随动，左肘开时，腰同时松沉，肘腰之间意气相连。同时，右前臂内旋弧形下落时，虽先有开意，但不可故意展开，寓形于内。

（2）此式"抱虎归山"动作在外形上与"右搂膝拗步"相似，实则其技术含意与劲法均不相同，望习者留意区别。

2. 捋势

动作：

（1）弓步不变，腰微沉，身体随右掌伸出微右转。同时，左臂外旋使掌心朝内上，右掌自右膝旁微内收弧形向前，经左臂内侧举于左掌前，掌心朝下，成为捋势。（图70）

（2）动作与前"揽雀尾"捋势2相同，唯方向不同。这里的捋挤按势的弓步、虚步动作都是隅角。（图71）

要领与前"揽雀尾"捋势相同。

3.挤势、4.按势的动作及要领等均与前"揽雀尾"势相同。（图72～图76）

图70　　　　　　图71

图 72　　　　　　图 73　　　　　　图 74

图 75　　　　　　图 76

用法：

由十字手势，设对方以右顺步来击，我右手即採拿对方右腕，向右下採去；我左手以肘击对方肋部，手臂掌顺次击下，随即挑起其裆部，我即右转迈腿弓步，以腰劲翻转将对方打出。此势中，我手法含有一採一挒即右採左挒。採即以我之右手执拿对方手肘之部，往下沉採，挒劲随採联用，以助抱虎势成。

或者，由前势设对方从我右后方打来，不及辨清对方手脚，我即转身以搂膝拗步势封、拦、截、打，亦为防中寓攻。若对方换左手拦截我左手，我即趁势双手攌住对方左臂以攌、挤、按势连成。故有拳诀曰"十字手法变不尽，抱虎归山採挒成"是也。

歌诀：

十字手开採挒上，抱虎全凭力臂长。

盼前顾后搂按打，趁势攦挤也难防。

第十六式　肘底看捶

动作：

肘底看捶前半个动作由单鞭的一部分动作组成，其动作（1）（2）（图77、图78）参阅第四式"单鞭"动作（1）（2），唯起点的方向不同，第四式为正西，此式为西北。

（3）重心全部落实右腿，左膝领起，左脚自然离地；同时右掌渐渐向右斜方伸出，掌心朝下，同肩平，沉肘，掌根微坐。左掌随右掌微动，前臂微外旋使掌心朝内下，腰微松左转；眼神顾及右掌伸出，随即顾及左掌平视。（图79）

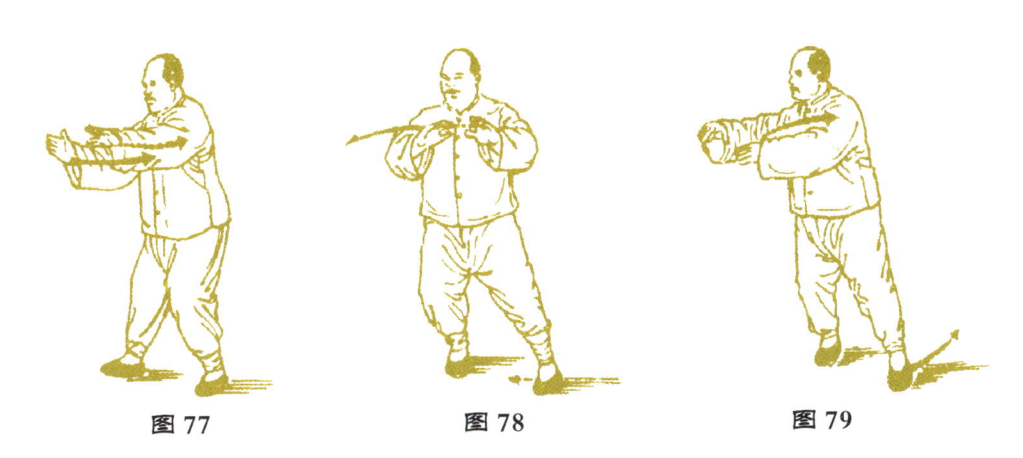

图77　　　　　图78　　　　　图79

（4）腰身仍向左松转，左脚随着向左后摆出（正东）。随转体，左掌向左前弧形平移，随移随着臂外旋使掌心朝内，右掌同时随左掌向左弧形平移，臂稍外旋，掌根坐，五指微上扬，掌心朝前下，使两掌心遥对。眼神顾及左掌左移。（图80）

（5）左脚向前（东）落下，重心渐渐全部移于左腿，腰继续左转，使身体转向左方约30°。同时两掌继续向左移，右脚随腰腿轻轻提起，稍向右前移动半脚落下，先以脚尖落地。眼神仍顾及两掌移动。（图81）

（6）右脚尖落地后，重心随即移于后腿；同时左掌向左侧下弧形翻转，臂内旋使掌心朝下。而右掌仍向前平移，移至正前方，臂内旋使掌心朝下。此时，身体重心正过渡于右腿。眼神顾及右掌左移，稍偏顾及左掌。（图82）

（7）当重心移于和全部落于右腿时，腰随之微右转，左脚随之略提，稍向前移，脚跟着地，成左虚步。当左足提起时，左掌自左下向内经右臂内侧弧形向前上圆转穿出，五指朝上，掌心朝右，微有托意，掌高与鼻齐；此时，左脚跟随着左手上举而落地；同时，右掌向左经左掌外侧下盖，随盖随着握拳，置于左肘下，拳眼朝上，拳心朝内。眼稍顾及左掌向下绕，当左掌穿出时，即向前平视。（图83）

图80

图81

图82

图83

要领：

（1）左脚提起向左前方摆腿迈步时，首先注意松右腿腰胯，使之自然圆转，随即左腿开胯迈步，自然做到轻便自如。随之而后的两足虚实转换，均像跷跷板一样此起彼落。最后势将定时，前腿膝微屈，松腰胯拔背，身微右转。手与足、肘与膝、肩与胯均要合乎"外三合"的要求。

（2）两掌臂左右荡动时，须做到松肩、沉肘、坐腕，不飘不僵，松柔沉着。双手运动中总要一手去、一手跟，相连相随。做左手穿上、右手下盖动作时，肘肋间始终要松空。做到双手展开时形不散，双手收回时势不夹。

（3）由抱虎归山到肘底看捶往来牵动的运动过程中，均要以腰为轴而领导着四肢圆满、协调、平衡地配合。"勿使有凸凹处，勿使有断续处"，内固精神，外示安逸，似有羽化登仙之感。

（4）此势劲点，左手注意掌缘、前臂和掌心，右手注意掌缘尺骨一侧。左手在向前、向左，继而向左下、内上缠绕旋转时，依次要有掤、捋、採、缠、提、托等的劲路意识，而右手应有推、拦、攦、盖、拿、击的技术变化意识。整个劲路的特点是：圆满黏随，而圆转中有折叠。同时在意识上还要做到"意到气到，气到劲到"的"内三合"要求。

用法：

设对方自后以右手击来，我以左掌向外平接掤开，右掌接着跟上封住对方左拳。当对方右臂由下向上打时，我左掌紧黏对方右前臂，缠绕向上托住对方右肘，而我右掌同时护中或进击，相机而动。

歌诀：

左掤右黏护中打，捶居肘下叶底花。
缠托折叠掌劈面，肘底相机破擒拿。

第十七式　左右倒撵猴

1. 左倒撵猴

动作：

（1）右胯根内收，身体微右转，左脚尖轻落地。同时，左掌稍外旋稍向前伸；右拳变掌，由肘带掌外旋后抽，使右掌经腹前弧形移至右胯旁，掌心朝上，五指朝前。眼神顾及左掌前伸。（图84）

（2）重心渐渐全部移于右腿，身体继续右转，同时左脚提起弧形收至右踝内侧虚悬；随转腰，左前臂外旋前伸，掌心朝上。右肘继续后抽，右掌背随抽随着向身后右斜角弧形撩起，手掌与肩齐，掌心朝前上。眼神顾及右掌后举，但眼角仍能看视左掌。（图85）

图84　　　　　　　　　图85

（3）左脚后撤一步，稍偏左落下，先以脚尖轻着地，同时腰微左转，使身体朝正前方；随转腰，左肘微沉抽，左掌稍收，掌心仍朝上，右掌随沉肘（但肩肘不得软塌下来）向上弧形收至肩耳旁，掌心斜朝左前，掌根微坐。眼神随转体向前平视。（图86）

（4）左脚跟落地内收，使脚尖朝左前约45°落实，重心渐渐移向左腿。

随着重心的后移，右脚尖渐渐向左摆正朝正前方落地，成右虚步，腰同时向左转约45°；与此同时，左肘继续后抽，带掌经腹前弧形移至左胯旁，掌心朝上，五指朝前，右掌从耳旁向前推出，随推随臂内旋，渐渐坐掌，掌心朝前偏左，五指上扬，指尖与前脚尖对齐，高不过鼻尖。眼神顾及右掌前推。（图87）

图86

图87

2. 右倒撵猴

动作与"1.左倒撵猴"动作（2）~（4）相同，唯左右相反。（图88~图90）

图88　　图89　　图90

3. 左倒撵猴

动作与"1.左倒撵猴"动作（2）~（4）相同。（图91~图93）

| 图91 | 图92 | 图93 |

要领：

（1）退步时必须一腿坐实控制另一腿的后退。后脚落步时先以脚尖轻轻着地，似有先探虚实之意，虚了即能收回，实了渐次落下。所支撑的腿要始终保持原来的高度，速度也保持原来的速度。收步、退步之间，收住尾闾，虚灵顶劲，避免身体的后仰前俯，这样久而久之就增加了腿部的力量和腰部的柔韧性，就可做到"迈步似猫行"。

（2）两臂圆转运动时，始终注意双肩要平，同时贯穿松肩、沉肘、坐腕的要求。当一手推、一手抽时，两掌要有对拉之意。当两臂展开时，两臂不能是平角，两掌不能散开，而应由背到两臂、两掌弧形顺延，似有意气相连之感。当手从耳旁推出时，不可形成五指向前戳；另一手后抽时，注意肘不过背，腕不过胯，肩、肘、腕呈弧形。

（3）倒撵猴退左步为左倒撵猴，退右步为右倒撵猴。倒撵猴（参见图87、图90）的左右势是定势，伸手悬脚都是过渡势。在一趟拳里，倒撵猴一般做三个或五个，都是单数。但如果做三个或五个，后面的倒撵猴和云手、野马分鬃均做三个或五个，这样收势就能回到原地。

（4）倒撵猴也称"倒卷肱"，为退步法。退步法的要义是：步随身换，避实就虚；引进落空，攻在其中；退中有攻，攻在两肱。肱指上臂，泛指手臂。其劲点，撤步时意在掌缘，再移于前臂外侧、肘尖和腕肘桡骨一侧，推出时在掌心掌缘。

用法：

（1）设对方用右手握我左腕或前臂，左手托我肘底捶，我即翻仰左掌，沉劲抽回以挫对方握力，而我右拳变掌翻转卸其握力进而推出，我势虽退，仍可撵去敌劲，故曰"倒撵猴"。或设对方连击，我一手顺接对方之手，另一手向对方拍击，亦为退中有攻。

（2）设对方从背后将我抱住，我相机沉腰转胯，顺步展臂冲肘，以钝其合力，随即翻转两臂以扳挽劲将对方抛出。

歌诀：

轻灵撤步似水流，引而后发倒卷肱。
走化闪战扳挽劲，惊走猴王佛心留。

第十八式 斜飞势

动作：

（1）接前左倒撵猴势，重心渐渐全部移于左腿，右脚稍离地自然收回与左脚横向齐。同时，左掌自左而上向右臂内旋画弧，屈臂置于左胸前，掌心朝下，手与肩平，臂呈弧形，肘部微沉；右掌由前而下经腹前向左画弧，臂外旋使掌心朝上，与左掌上下相对合抱。眼神顾及左掌画弧和右掌合抱。（图94）

（2）身体右转，右脚向右后方（南稍偏西）撤出一步，先以脚跟着地，随着重心渐渐移向右脚而全脚踏实，弓右腿，蹬左腿，成右弓步。随转体和重心的前移，右掌以大拇指一侧向右后上方挒击，与右足方向一致，高与额齐；左掌向左弧形下採，置于左胯前，掌心朝下。当右手挒、重心前移时，左脚尖内扣。眼随右手挒出而前视。（图95、图96、图96附图）

图94

图95

图96

图96附图

要领：

（1）右脚向右后方撤出落步和右转体时，双脚呈"八"字形，要领掌握不当就显得笨重，难以支撑身体的平衡。须先坐实左腿，松腰胯撤右步，脚跟先着地，然后转腰、开胯、摆脚、弓步。撤步和转腰，还须掌握速度缓转和虚灵顶劲，方可避免上体前俯，动作才会轻灵。

（2）此势左採右挒，意将对方向我斜方掷出。劲点在右臂桡骨一侧，势大开大展，转腹拧腰，旋转若飞轮。挒出时，腰腿劲节节贯穿，通过脊背、肩、肘而达于掌，如将物脱然掷出寻丈。势将定时，左手下採，裆劲下沉，似有回转之意。

用法：

设对方在右侧用手按我右臂，我即用左手採拿对方手腕，向左下方黏带，我右脚套住对方身后，右臂桡骨处贴住对方胸部发劲，也含有肩靠、肘击之意。

歌诀：

右腕被捉本无妨，翻掌下沉即消殃。
左採右挒抖然出，侧身腾出亦飞扬。

第十九式　提手上势

动作：

（1）重心渐渐全部移于右腿，左足稍提起向前距原地一脚许落下，重心再渐渐移于左腿。随着重心的后移，腰微左转，右脚稍提起向前距原地一脚许落下，脚跟着地，脚尖微抬，膝微屈，成右虚步。同时，当重心前移时，左掌微外旋内收，右掌微内旋。当重心后移时，左掌弧形向前上移，右掌沉肘微内收，两臂微合于两肋旁前。当右脚落地时，两掌合劲，臂微弧形提起，向右脚方向伸出。右掌在前，高与鼻尖齐，掌心朝左；左掌在后，掌心朝右，正对肘关节，高与胸齐。眼神顾及两掌动作，成提手时，向前平视。（图97、图98）

动作（2）（3）及要领与第五式相同。（图99~图101）

图 97 　　　　　　　图 98 　　　　　　　图 99

图 100 　　　　　　　图 101

第二十式　白鹤亮翅

动作和要领与第六式"白鹤亮翅"相同。（图102）

图 102

第二十一式　左搂膝拗步

动作和要领与第七式"左搂膝拗步"相同。（图103～图107）

图 103

图 104

图 105

图 106

图 107

第二十二式　海底针

动作：

（1）重心渐渐全部移于左腿，右脚稍提起离地，向前距原地一脚许落下，先以脚掌着地，随即重心渐渐移向右腿，全脚落实，左脚提起，脚尖自然下垂。当重心前移时，右肩肘微向前送，掌微前送外旋使掌心转向左，左掌随重心前移而向前上微荡；随重心后移时，右肘屈，手腕向内提回，与右肩窝齐、距离约三拳，左掌也随左膝提而微起，同时坐腕沉肘，掌心朝下。眼神顾及右腕提回。（图108、图109）

（2）右腿坐实，左脚略向前落下，脚尖着地，成左虚步；同时腰向左送转，左胯根收住，折腰下沉。随折腰，右掌向下前插，指尖向前下，腕与左膝齐，左掌弧形下落于左胯大腿旁，掌心仍朝下，五指朝前。眼神顾及右掌下插略前视。（图110）

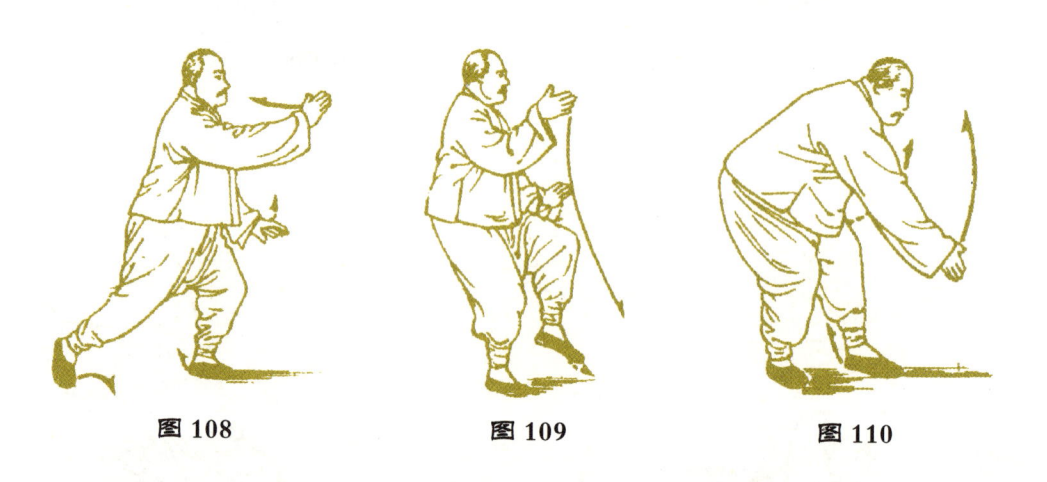

图108　　　　　　图109　　　　　　图110

要领：

（1）当重心前移时，右腿渐起，腹部放松，胯微沉，右肩、肘、手微向前展，左肩、肘、手微向下沉，势不偏不倚。当重心后移时，右腰胯微后抽，右膝渐蹲，由腰劲领回右肘、右腕，左腿、手随动领起，周身每一关节均要松开，使身体中正安舒。当折腰时，左脚掌微撑地面，膝微屈，重心仍在右腿，稍前松移。同时，右手下插时，腰微左松转，手腰随动，松肩催肘，以肘催手，右脚跟、右腰眼、右掌要形成"三角合力"。更要注意，右手下插时，弧线是往下前，而不是往前下。同时，折腰时头部虚领顶劲，脊腰保持成直线，避免低头弓背，使腹内松净沉气。整个动作要做到"动作柔和，内外协调，一动无有不动，劲路节节贯穿"的要求。

（2）此势劲点，右手在掌、腕部和五指，左手在掌根。主採劲，採如得势，能使对方头昏目眩，连跟採起，海底针与扇通背连用，即採后随发，气势深沉腾然。拳论曰："仰之则弥高，俯之则弥深。"望习者领会。

用法：

设对方用右手牵住我右腕，我右掌提回，如对方手未松，我即将右掌下沉，左掌按住对方右肘同时下採。

歌诀：

倘逢敌手钳右腕，引敌进身坠千斤。
右拿左压採挒劲，仆前跌后俯仰功。

第二十三式　扇通背

动作：

（1）身体拔起，腰微右转，右腿坐实，左脚提回。同时右掌由体前上提，随提随着臂内旋使掌心翻朝右下，手高与肩齐。左掌自左腿旁向胸前上提，停于右胸前右前臂内侧，掌心朝右，五指朝上。眼神前视并顾及右掌上提。（图111）

（2）左脚向前迈出一步，先以脚跟轻着地，随着重心前移而全脚踏实，弓左腿，蹬右腿，成左弓步。同时，右掌继续臂微内旋，弧形上托，掌心

朝外，置于右额前，掌背距右额角约两拳；左掌同时沿右臂向前平推，腕与肩平，坐掌。眼神随左手前视。（图112）

图111　　　　　　　　　　　图112

要领：

（1）起身翻掌、弓步推掌是一吸一呼，一蓄一发。起身、收步、提手，一动俱动，弓步、托掌、推掌，一到俱到。

（2）起身收步不使自背，要做到腿实、腰松，腕肘轻灵黏转；进步弓步不使自僵，要做到肩沉、肘坠、臂屈，脊劲能通臂而圆转柔顺；势定时，要做到势定意不停，肩与胯、肘与膝、手与足形合意连，既能四方支持，又能转换八面。

（3）劲点意在两掌缘。右臂滚动上提，内含抽劲，掤劲上托，左掌按发。

用法：

若对方抓住我右腕不放，或反握我右腕，或用右手打来，我右腕即滚黏上提或掤架，左手紧黏对方手臂护中，同时上左脚管住对方右脚，弓步直推左掌于对方右臂、肋、腰间。劲发其背，展开双臂如扇，故曰"扇通背"。

歌诀：

右臂滚提托架功，背连双臂劲贯通。
噫嘘一口丹田气，劲点原在腰际冲。

第二十四式　撇身捶

动作：

（1）左腿重心不变，左胯根微收，身体右转，左脚尖尽力内扣至90°以上踏实。随转体，右肘下沉，右掌渐握拳自右前画弧而下，停于左肋前，屈肘横臂，拳心朝下。同时，左掌弧形上举于左额前上方，掌心朝外。掌根微沉，离额角约三拳。眼神稍顾及右手画弧，即随体前视。（图113）

（2）重心全部移于左腿，右脚提起，身体仍向右松转。同时，左掌向右经面前由右前臂外侧弧形下落，右拳略向上、向右前撇，拳眼朝上，高与锁骨齐。眼神顾及两手动作，随右拳前视。（图114）

（3）身体仍向右转，右胯开，膝外旋，右脚向前稍偏右迈出，先以脚跟着地。同时随着转腰落步，右拳臂外旋，向前弧形撇出稍下落，拳心朝上，与胸高，左掌由右前臂外稍向下、向内再向上绕一浅半弧，停于右前臂内侧。眼神向前平视，顾及两手动作。（图115）

（4）随着右脚落地重心渐渐移向右腿，全脚踏实，弓右腿，蹬左腿，左脚尖稍内扣，成右弓步。同时，右肘后移，右拳弧形下撇，收于腰侧，拳心朝上；左掌由胸前经右前臂内侧上方向前推出，坐腕，掌心朝右前，高与肩平。眼神向前平视，顾及左掌前推。（图116）

图113　　　　　　　　图114

图 115　　　　　　　　　图 116

要领：

（1）由扇通背过渡到撇身捶，动作在意识上要贯通相连，双臂翻转要随腰联动，有如抛物之感。同时注意，右臂随转体应"横肘竖落"，而不是向右抡一圆圈地划过去。

（2）撇身捶整个动作，手、眼、身、法、步要处处协调顺遂，环环相扣，不可有停顿断劲之处。

（3）左脚尖内扣时，重心仍在左腿，而不是左右移动。右脚迈步要稍偏右开些，注意脚尖朝正前方。弓步推掌时，右肘衬住劲，勿太后、太开，身体勿前扑，须求势顺。

（4）此势主截劲，截劲主刚，与闪展势连用。闪即闪开我的正中，用截劲使对方进攻落空，进而展开我的身法、步法、手法，以己背势转变为主动。转身时，右臂劲点在尺骨和前臂下侧，左手在掌缘小指掌根一侧。

（5）各个过渡动作既要明确清楚，又要圆活连贯，做到不乱不断。

用法：

设对方右拳从我后方击来，我即右转身用右臂肘横向封截，左掌随机向对方侧面击去，以我之正取对方之横线，进而转展身法、步法、手法，撇捶推掌向对方进击，此谓"闪展全无空"。

歌诀：

　　　　横截敌臂闪正中，左掌防头伸可攻。
　　　　翻拳压带莫丢劲，掌推敌肘展无空。

第二十五式　进步搬拦捶

动作：

（1）重心渐渐移向左腿，身体微左转。同时左肘微沉，左臂外旋使掌心渐渐翻朝上，右拳内旋向前上方中线伸于左掌上侧，拳心朝下。眼神顾及右拳。（图117）

（2）重心继续移向左腿，身体继续左转，两手随转体相随着浅弧形带回于身体左侧，右手在前，左手在后，相距约一肘。眼神顾及两臂带回。（图118）

（3）重心渐渐全部移于左腿，右膝提起，带动小腿领起，脚尖自然下垂。同时，右拳继续向左下弧形移动，移至左腹前，拳心朝下，拳眼朝内。左掌向左、向上画弧，高不过耳，后不过肩，随画弧前臂微内旋使掌心朝右下方，掌根微坐。眼神稍顾及右拳下移，即渐向前平视。（图119）

图117 　　　　图118 　　　　图119

动作（4）~（7）与第十二式"进步搬拦捶"动作（3）~（6）相同（参见图 55~图 58），唯前进方向相反。（图 120~图 123）

图 120

图 121

图 122

图 123

要领及其他与前"进步搬拦捶"相同，只是在承上式的衔接动作不同，前面承接上式是"左搂膝拗步"，此式承接"撇身捶"。

第二十六式　上步揽雀尾

动作：

左脚尖外撇踏实，重心略前移，身体稍左转。同时，左掌臂微外旋，掌心朝内微向前上掤，略与肩平，右拳变掌略向下按，掌心朝下，与腹高。接着重心全部移于左腿，右脚提起向前，身体左转。随转体，左肘微后抽，前臂内旋，掌心翻朝下于左胸前；同时，右掌自下向左弧形抄至腹前，随抄随着臂外旋使掌心翻朝左上方，与左手略成抱球状；两臂呈弧形。眼神顾及左前臂移动，即向前方平视。（图124、图125）

以下掤、捋、挤、按动作与第三式"揽雀尾"相同。（图126~图135）

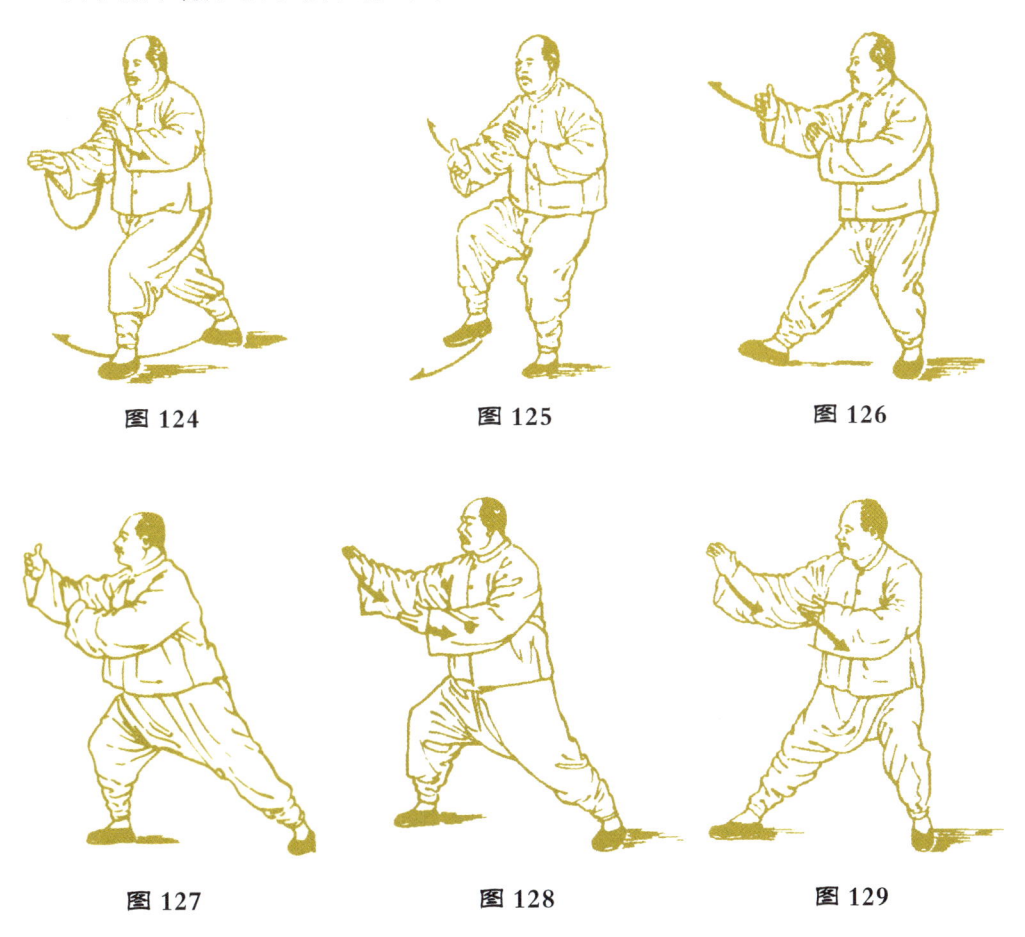

图124　　图125　　图126

图127　　图128　　图129

图130　　　　　　　图131　　　　　　　图132

图133　　　　　　　图134　　　　　　　图135

要领：

由搬拦捶过渡到此势（参见图124～图126）动作时，由于左手的移动距离短，右手移动的距离长，容易出现左手先到，右手还在移动的不协调现象。这要求适当地掌握不同的运动速度，特别要意识到左手虽然移动范围小，但在抱球前始终随腰有撤肘、旋臂、翻掌、沉肩、坐腕等动感，这样就做到了"一动无有不动"和"神形合一"的要求。

要领及其他与第三式"揽雀尾"相同。

第二十七式　单　鞭

动作和要领均与第四式"单鞭"相同。（图136～图139）

图 136

图 137

图 138

图 139

第二十八式　云　手

动作：

（1）腰身微右转，重心不变，左脚尖内扣朝正前方（正南）踏实。同时，左掌随体转稍向前下弧形移动，肘沉臂稍屈，手略低于肩，掌心朝前下；右吊手变掌，松肩沉肘，手臂微下沉移。眼神由前势随体平移。（图140）

（2）重心全部移于左腿，右脚虚着地，腰继续向右微转。左掌继续向前下弧形移动，沉肘坐腕，掌心朝下，高与左肋平；右掌继续自右而下向左画弧，沉肘坐腕，掌心朝下，落于右胯前。眼神顾及右掌下移。（图141）

（3）腰微左转，右腿提起，先脚跟后脚尖离地，向左脚旁横向移动，小腿、脚踝自然放松下垂，同肩宽。同时，右掌随转体自右下经腹前向左上弧形运转，掌渐渐外旋，使掌心渐渐翻朝内；左掌也同时配合，缓缓向左上方运出，随运随着臂外旋使掌心翻朝左前，坐掌，与肩平。此时，右掌也运至左肘弯内侧，与肘齐；两臂呈弧形。眼神随体左转移视，顾及右掌左运。（图142）

图140 　　　　　　图141 　　　　　　图142

（4）右脚向左脚旁一脚许平行落下，先脚尖着地，随着重心渐渐右移而至全脚踏实，身体同时微右转。右掌随转体自左向上、向前再向右运转，右掌拇指处微有外旋之意，高与眉齐，至正前方时指尖对齐眉心，约四拳许，掌心朝内，肘尖下沉（但不要夹）；同时左掌内旋下沉，掌心翻朝下，弧形移至左腹前，距离约两拳，沉肘坐腕，然后掌微外旋，掌心朝内稍向上，指节微展，此时右手在上、左手在下，两脚为小马步。眼神随转体顾及右掌右运。（图143）

（5）腰继续右转，重心渐渐全部移于右腿，左脚缓缓提起，先脚跟，后脚尖。随转腰，右掌继续向右弧形运展，随运随着臂内旋使掌心渐渐翻朝右下，沉肘坐掌，高与右肩齐；左掌继续经腹前向右上运转，停于右肘弯内侧，与肘齐；两臂呈弧形。此时，两掌均在右侧，左脚虚提，眼神顾及右掌右运。（图144）

图143　　　　　　　图144

（6）腰稍松沉，左脚向左横跨半步，先以脚尖着地，随着重心左移而渐渐全脚踏实；随着脚尖落地重心左移，腰同时左转。左掌随转体自右向上、向前再向左运转，左掌拇指处微有外旋之意，高与眉齐，至正前时指尖对齐眉心，距离约四拳，掌心朝内，肘尖下沉（但不要夹）。同时右掌下沉，弧形移至右腹前，距离约两拳，沉肘坐腕，掌微外旋，掌心朝内稍偏上，指节微展。此时，左手在上，右手在下，两脚为大马步。眼神随转体顾及左掌左运。（图145）

69

（7）腰继续左转，重心渐渐全部移于左腿，右腿提起，与肩同宽。同时，左掌继续向左弧形运展，随运随臂内旋使掌心渐渐翻朝左下，沉肘坐掌，高与左肩齐；右掌继续经腹前向左、向上运转，臂外旋，使掌心朝内，停于左肘弯内侧，与肘齐；两臂呈弧形。此时两掌均在左侧，右脚虚提。眼神顾及左掌左运。（图146）

图145　　　　　　　　图146

动作（4）～（7）为一个云手，后面重复动作可做三个或五个。或多或少根据倒撵猴要领（3）的要求即可，然后由动作（7）再接下一势"单鞭"。

要领：

（1）云手步法要平行横向移动，踏下时要脚尖先着地，然后意含脚的外缘依次着地，最后全脚踏实，而不是脚跟或脚的内缘先着地。一脚一经踏实，另一脚即离地，此起彼落，连绵不断。但切记不能因为开步和合步而使姿势忽高忽低，或两脚移动时抬得太高，而要以腰、腿、膝控制和协调整个横向移动的相对平稳性。

（2）两臂运势要随腰圆转，无论运到何处，两臂不能架起，也不能夹肋，不可散开，要自然松展、圆活、紧凑。比如，正面手时一手在上，一手在下，两手竖向距离不能太开。转向两边时后手必须在另一肘内侧，而不能过低、过远。

两臂运势圆满，还须注意劲路的圆转。如右单臂运转，当手掌向左、向上，劲点在右掌拇指、桡骨和掌根一侧，有上抄之意。当右臂外旋向前、向上移动时，劲点在拇指、桡骨和掌背一侧，有掤、捯之意。当右掌向右、向下随着臂内旋运转时，劲点又转到右掌小指、掌缘和掌根一侧，即有按、推和下採之意。随即接着抄转，形成一个掤、捯、按、推、採、抄椭圆形的劲路循环，而手上抄时为主劲路。这样两臂同时做相反（右手为顺时针方向，左手为逆时针方向）的运势，一上一下，一左一右，劲路依次更替，相系相随，连绵不断，"恰似杨柳摆春风"一般，意趣环生无穷。

（3）云手时，四肢运动和身体转动均要以腰为轴，腰随手走，步随身换，缓缓转动，徐徐呼吸。不可出现左斜右歪、前俯后仰、忽快忽慢之势，要保持"立身中正"和呼吸顺遂舒畅的要求。

用法：

设对方用右（或左）手来击，我以右（或左）手腕掤接，随翻转手腕按採对方之右（或左）手腕，我左（或右）手掌随即向对方腰肋间击去。

或当我右（或左）腕掤採对方右（或左）手腕，对方欲意抽回，我即上左（或右）步于对方右（或左）腿之后，左（或右）手由下抄至对方腋下，以圆转劲捯出，得机时，以抖拍之劲发出，尤为出奇制胜。

歌诀：

掤擺採捯挤按推，全凭腰脊圆转随。
云到敌人双肘后，铜墙铁柱一齐推。

第二十九式　单　鞭

动作：

（1）接前势动作（参见图146），右脚渐渐落下于左脚旁，脚尖落下时成45°内扣踏实，腰右转，重心渐渐移于右腿，左脚提起，先脚跟，后脚尖；同时，右掌随转体向右弧形下运，随运随内旋使掌心渐渐翻朝下，并随着五指下垂撮拢成吊手；而左掌也同时由左向下、向右上抄，随抄随着臂外旋使掌心翻朝内。眼神稍顾及右掌右运，随即移顾左掌。（图147～图149）

动作（2）与第四式"单鞭"动作（4）相同。（图150）

要领参看第四式"单鞭"部分要求。

图147

图148

图149

图150

第三十式　高探马

动作：

（1）腰先向后、向右稍松转，右胯内收，重心渐向后移，左脚尖随重心后移而自然离地。同时，右吊手变掌，屈右肘，右掌水平弧形移至右肩前，松肩松肘，掌根微坐，掌心朝前下，左臂外旋、肘微屈沉使掌心渐渐翻向右上。眼神稍顾及右掌内收，随即移顾左掌翻转。（图151）

（2）重心全部移于右腿，左脚提回，向内半步落下，脚掌着地微撑，右腿同时徐徐立起，右膝直中有屈，成高势左虚步；身体渐渐左转朝正前方。随转体，右掌稍向左经左掌上弧形前探，手指斜朝左前方，掌心朝下，高与眉齐；左掌经右掌下抽回，收于左腰前，掌心朝上，指尖朝右前。同时体微前拔，腰稍向左拧。眼神向前平视，顾及右掌前探。（图152、图153）

图151　　　　　图152　　　　　图153

要领：

（1）重心后移时，腰微右松转，收右胯根，使重心平稳地过渡到右腿，然后收左胯根，带起左腿，收回左脚，身体才能避免后仰。身体立起时，右腿直中寓屈、实中有虚，左足着地微撑，虚中有实，身势随右掌探出而上拔向前，气沉丹田，胸含顶悬，上下意气对拉，避免身俯、头伸。

（2）右掌前探时，注意松肩、松肘，掌高不过顶，劲点在掌缘小指一侧；左掌带回时沉腕，肘不夹肋，劲点在掌缘大拇指一侧，两臂呈弧形，气势腾然饱满。

用法：

设对方以左手挑拨我左掌，我左掌翻转，以叠劲粘黏带回，而我右掌向对方面部探击。左手主拦、叠、採、带，右掌主封、刺、探、拧，此势退中有攻。

歌诀：

左带右探济阴阳，扑面锁喉此势良。

转手高攀马头拧，舒肩拔臂收腹腔。

第三十一式　左右分脚

1. 右分脚

动作：

（1）重心渐渐全部移于右腿，右腿渐渐屈蹲，左脚提起，腰微右转；同时，右掌顺时针向右、向里弧形抹转，左掌也顺时针向左、向前弧形平抹。右掌心仍朝下，左掌心仍朝上。眼神顾及双手圆转。（图154）

（2）左脚向左前斜角（东北）迈出，先以脚跟着地，渐渐弓左腿，蹬右腿，成左弓步；随着左脚落地弓步，腰渐渐右转。同时，左掌自左向前、向右经右臂下侧向内抹转大半个平圆，左臂横屈成弧形，左掌横置于右胸前约两掌，掌心斜朝上停于右肘内侧；右掌自右向内、向左经左臂上侧向前再向右抹转大半个平圆，向右斜方（东南）探出，掌心斜朝左前，

指尖斜朝上，掌根稍坐，肘微屈沉。眼神顾及右掌圆转探出。（图155、图156）

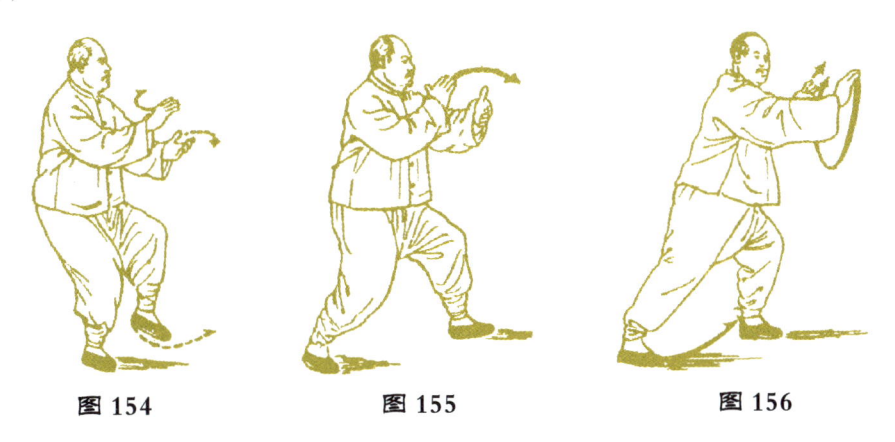

图154　　　图155　　　图156

（3）重心渐渐全部移于左腿，右腿提起，屈膝领足虚悬，右脚停于左踝旁；腰随着向左微转。同时，左掌微向前上移与锁骨齐，右掌自右向下弧形抄至左掌外侧。随抄随着臂外旋使掌心朝内；两手交叉，两腕处似贴非贴，右掌在外，两臂呈弧形。眼神顾及两掌相交，随即向右前方平视。（图157）

（4）左腿渐渐起立（膝仍微屈，胯根仍微收），右腿提膝，右脚向右前（东南）斜角分出，脚面自然绷平，高与胯平；同时，两掌边内旋边向左右分开，先稍向上，高不过眉，微弧形下落，右掌腕与肩平，左掌指与耳齐，两掌心俱朝外，指尖朝上，沉肘坐腕。眼神顾及右掌分出，并随右掌前视。（图158、图159）

图157　　　图158　　　图159

2. 左分脚

动作：

（1）右脚下落，左腿渐渐下蹲，身微右转。同时，左掌屈肘向右画弧形至胸前，掌心朝下；右掌臂外旋使掌心朝上，并随体沉而沉肘稍下落，随下落自右前稍向里画弧。眼神顾及右掌。（图160）

动作（2）～（4）与前右分脚动作（2）～（4）相同，唯左右势相反，右分脚方向为东南，左分脚方向为东北。（图161～图165）

图160

图161

图162

图163

图164

图165

要领：

（1）左右分脚动作的虚实、开合、起落，俱要做到"以腰为轴""上下相随""一动无有不动""意气相随"和均匀柔顺的要求。如右分脚，当左脚迈出，两掌抹转时，左掌相随地与左脚同出，腰同时自然地先右后左微转，此时为合；当左腿弓步、腰右转、右掌探时，要求腿到手到，不可腿先到、手后到，左膝也不可超过脚尖，也不能出现身体前俯或右趴，此时为开；当重心全部移于左腿时，腰要同时地松沉向左转而带动右腿提起，右腿应提膝与腰齐。同时左手採、右掌攦，随腰而移抄。此时应注意，因左手移动的距离短，右手抄的距离长而出现左手等右手的现象，左手应随腰而缓移，与右手、腰、腿一动俱动，一静俱静。此时为合，为蓄，为落；当右腿分出、两掌前后分开时，左腿仍须徐徐起立，腰微右转，裆要开，左胯微收，气沉丹田，胸含背圆，松肩松肘，此时为开，为发，为起。配合以呼，意注内、外三合，方能做到腿部稳定，立身中正。

（2）此势劲点要圆转顺遂，含拧、搓、引、採、击、踢等劲路转换。如做图154动作时，右手劲点在掌缘小指腕一侧，左手在拇指食指一侧。做图155动作时，左手在掌内，右手在掌缘尺骨一侧。两掌合十，内含掤意。分腿时，劲贯右脚尖，而不在手，其意并非用掌。

用法：

设对方用左手接我探出的右腕，我随用右手腕压住对方的左肘向左侧黏回，同时我左手黏住对方左腕，暗施採劲，同时我右脚尖或脚背向对方左肋间踢去。

歌诀：

上步半攦化敌空，採腕掀肘护我胸。
重心放低宜沉气，分脚踢出势须平。

第三十二式　转身左蹬脚

动作：

（1）左脚落下，左膝微提，体松沉，以右脚跟为轴，身体迅速向左后转，身体朝西北。随转体，两掌稍带下弧形向胸前合拢交叉，左掌在外，两掌心朝内，离胸前约三拳。两臂呈弧形，右腿微屈。眼神随转体平视。（图166、图167）

（2）两掌微内旋略呈弧形向左右分开；同时左脚以脚跟向前慢慢蹬出，右腿随着左脚蹬出渐渐起立，膝关节仍微屈。眼神顾及左掌分出，并通过掌向前平视。（图168）

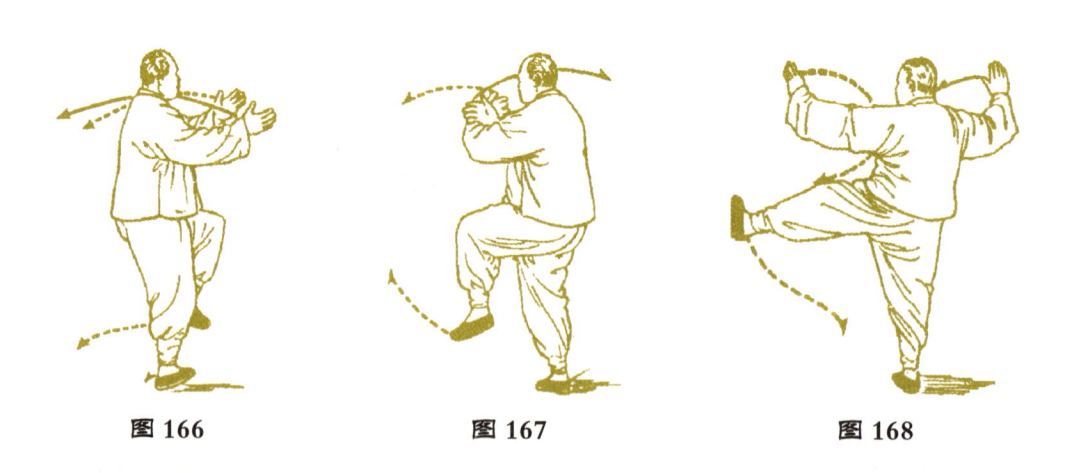

图 166　　　　　图 167　　　　　图 168

要领：

（1）凡分脚或蹬腿势，两手合十时，出哪侧腿，同侧手在外，两腕部都不可松懈弯曲，仍要微斜向前掤出。

（2）凡蹬脚，劲贯足跟，不论是分脚或蹬腿，都要边提膝边出腿。在演练中均要求速度均匀地分出或蹬腿，在单式练习发劲时，应快速出腿即收。

（3）在做转身动作时，有习惯于左腿先落下再撩起向左后甩动而带动身体转动的演法，这是不对的。凡转身动作的动势，都不是单靠一条腿或其他局部动作来带动身体转动，主要是以"内动导外形，外形合内动"的统一配合。比如，在转身之前要意识先走，意识先确定转身的方向、位置、速度及其周身内外的配合要求；将要转身前，左腿落下虚悬，继而左胯向左松开，右腿就自然产生左转的拧动力；再同时配合以沉肩肘、松腰胯，右腿微屈体微降，就自然产生转动中的稳定性；同时再配合两臂由开到合、劲力由发到蓄的"劲力内换"，就自然产生转动中的轻灵圆活。这样，整体动作内外统一协调，既简练又紧凑，既稳定又松活。在后面的"转身右蹬脚""转身摆莲"等转身动作中，都要求做到"始而意动，继而内动，然后外动"，逐渐达到"神形合一"的太极意境。

（4）其他要领参阅第三十一式"左、右分脚"。

用法：

设对方由我左后来袭，我即转身出左脚，向对方腹部蹬出。这在我不及辨清对方意图，无机会用手法时，也是一种以攻为守、诱敌深入、连消带打的招法。

歌诀：

忽觉背后敌来攻，转身消打眼要明。
先合后开意中定，手拦脚蹬着腰功。

第三十三式　左右搂膝拗步

1. 左搂膝拗步

动作：

（1）左脚落下，左膝仍领起，右腿渐渐下蹲，腰微向右转。同时，左掌向右弧形移至右胸前，掌心朝右下，继而向左下弧形下搂，掌心朝下，手、腕、肘呈弧形；右掌随体微右松转时，五指以右腕为轴先向下45°许沉下，主採截劲，随后松起，继而右掌随体微左转臂外旋弧形移至右耳肩旁，松肩坠肘使掌心斜朝前下。眼神先顾及右掌五指下沉，继而顾及左掌下搂，随即转向左前视。（图169）

动作（2）与第七式"左搂膝拗步"动作（4）相同。（图170）

图169　　　　　　　　　图170

2. 右搂膝拗步

动作与第九式"左右搂膝拗步"的"2.右搂膝拗步"动作相同，唯前进方向相反。（图171～图174）

要领及其他与第九式"左右搂膝拗步"相同。

图171　　　　　　　　　图172

图 173 　　　　　　　　　图 174

第三十四式　进步栽捶

动作：

（1）右脚尖外撇踏实，腰渐渐右转，重心随着移于右腿，左脚随之离地，左膝领起向前，小腿虚悬。同时，左掌随转体自前向右经胸前弧形下搂于腹前膝上，掌心朝下，手、腕、肘呈弧形；右掌掌心朝下，由右膝腿侧向右、向后再向右腰侧画平弧，随画弧臂外旋右掌渐握成拳，停于右腰间，拳心稍朝内。眼神稍顾及右掌握拳画弧，即随左掌下搂前视。（图175、图176）

图 175 　　　　　　　　　图 176

（2）左脚向前迈出一步，先脚跟着地，随着重心前移而渐渐踏实，弓左腿，蹬右腿，成左弓步。同时，腰渐渐左转使身体朝正前方；随弓步转体，左掌继续弧形向下经膝前搂至左膝旁，掌心朝下，五指朝前，坐腕沉肘。同时，右拳向前下方打出，低过于膝，拳心朝左，拳眼朝前。俯视前下方。（图177）

图177

要领：

（1）当左脚前迈脚跟尚未着地时，上体应注意保持正直；当左掌搂过左膝时，上体随右拳下打折腰，拳到势到。折腰时，自颈脊到腰脊仍要保持成直线，不可弓背、低头或抬头。

（2）重心全部移于右腿时，劲点在右掌小指、尺骨一侧；上步搂膝时，劲点在左掌小指、尺骨一侧；弓步时，劲点在右拳拳面或拳背。注意虚灵顶劲，沉腰胯，脚跟之劲节节贯穿于右拳，击地时两臂仍微屈，劲发而有余。

用法：

设对方用左脚踢来，我用右掌搂开，随进步用左掌搂对方左臂腰间，进而栽捶击其腰腹或小腿间，或以我左臂大搂开对方来手，继而右拳出击。

歌诀：

栽捶原为打下盘，左手大搂要当先，
进步拳追敌难躲，总击敌腹腰腿间。

第三十五式　翻身撇身捶

动作：

（1）左脚尖内扣踏实，身体同时直起右转，使身体转向北偏东。随转体，右臂内旋，右肘向上、向右再向下移于右肋旁，右拳屈肘横臂于左肋前，拳心朝下。同时，左掌自左向上弧形上举于左额前上方，掌心朝外。眼神随转体平视转移，顾及两手移动。（图178）

动作（2）~（4）与第二十四式"撇身捶"动作（2）~（4）相同，唯方向相反。（图179~图181）

要领及其他与第二十四式"撇身捶"相同。

图178

图179

图180

图181

第三十六式　进步搬拦捶

动作和要领与第二十五式"进步搬拦捶"相同，唯方向相反。（图 182～图 188）

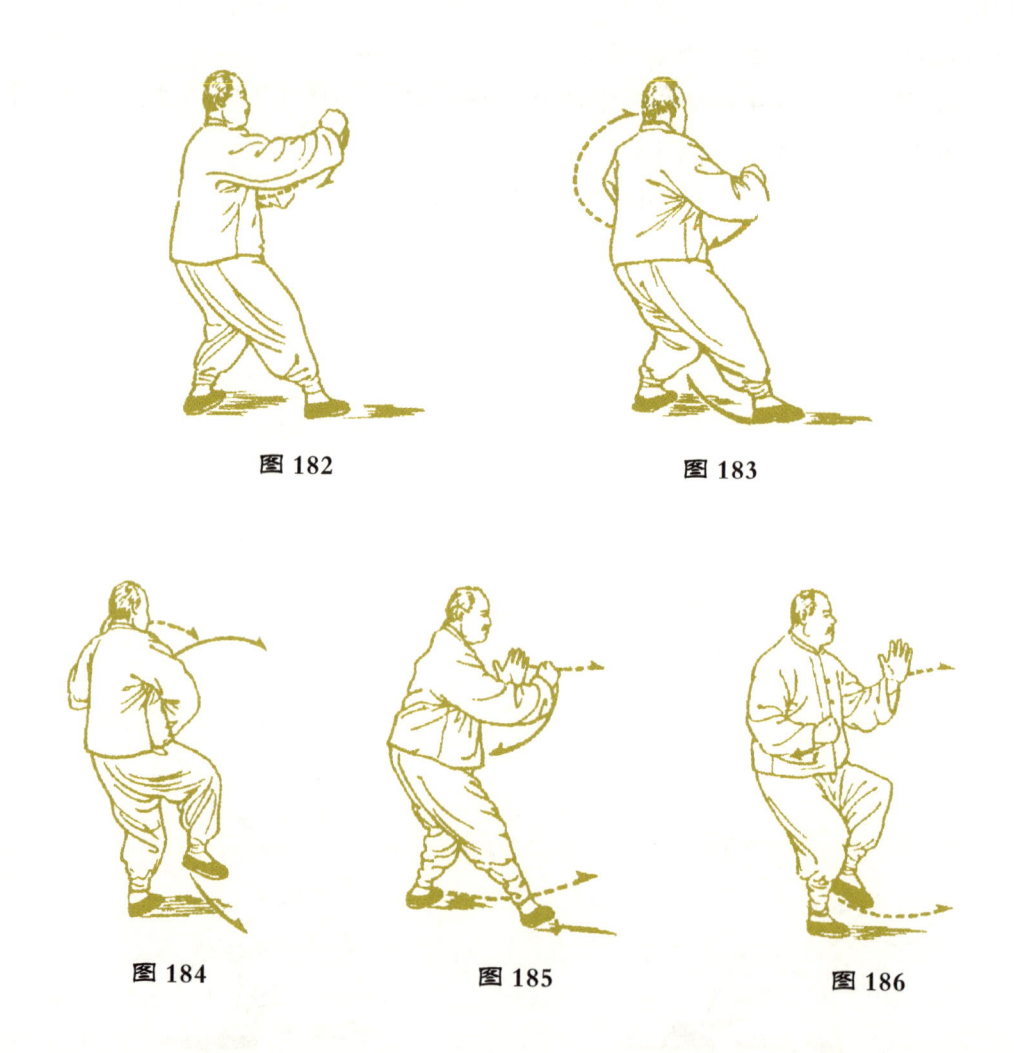

图 182

图 183

图 184

图 185

图 186

图187 　　　　　　　　　图188

第三十七式　右蹬脚

动作：

（1）左脚尖外撇踏实，腰渐渐左转，重心渐渐全部移于左腿坐实；右脚跟先离地，右腿向前提起，右脚停于左踝旁虚悬。同时，左掌随转体向左前上稍移，随移随着臂内旋使掌心朝外；右拳变掌，稍内旋使掌心朝外，两掌同时自前向外、向下弧形上抄，随抄随着臂外旋使掌心朝内，两掌交叉合抱，右掌在外。两掌高与锁骨齐，两臂呈弧形。眼神顾及两掌合抱，即向右前平视。（图189、图190）

（2）两掌微向上浅弧形向左右分开。同时，右腿提膝，随提随着右脚跟向正前（东）蹬出，脚尖朝上，高与胯齐；左腿随右脚蹬而渐渐起立，直中有屈。眼神顾及右掌分出而向前平视。（图191）

图189 　　　　　图190 　　　　　图191

要领：

凡蹬脚或分脚，前脚、手方向一致，背部要圆。所立之腿，劲通脚跟，立如平准。其他要领参阅第三十一式"左、右分脚"和第三十二式"转身左蹬脚"有关要求。

用法：

设对方用左手将我右臂向左推出，我右拳翻掌缠绕对方左腕向左捌开，右脚向前直蹬。

歌诀：

　　　　右拳被擒急绕缠，化开敌手握敌腕。
　　　　掠上取下双分手，出脚踹肋成自然。

第三十八式　左打虎势

动作：

（1）右脚渐渐下落虚悬，左胯微收住渐渐下蹲。随体沉，两掌渐渐下落与腰平，掌心朝下。眼神随右手，顾及左掌。（图192）

（2）接着，右脚落于左脚旁，两脚平行（两脚尖向东北方向）稍窄于肩宽，先以脚尖着地，随着重心渐渐移于右腿而全脚踏实，随即左脚先脚跟、后脚尖渐渐提起。同时腰稍向右松转，左掌自左向右，臂外旋略下弧形移至右肋前，掌心朝上；右掌随肘下沉微右移，与右腰齐，两掌平伸于右斜方（东南角）。眼神顾及两掌向右前平视。（图193）

（3）松腰松胯，体左转。随转体，左脚向西北斜方迈步，先以脚跟着地，随着重心移向左腿而渐全脚踏实，弓左腿，蹬右腿，成左弓步；随着重心的左移和转体，左掌自右腰前向下、向左经左膝前上向左（开始握拳并渐渐臂内旋）、向上画弧，使拳心翻朝外，停于左额前上方；同时，右掌渐握成拳，自右向前、向左平面画弧，屈肘横臂，置于心口前约三拳，拳心朝内，拳眼朝上，与左拳眼上下相对。眼神先随左拳，当左拳将至左额前时，即向前平视。（图194、图195）

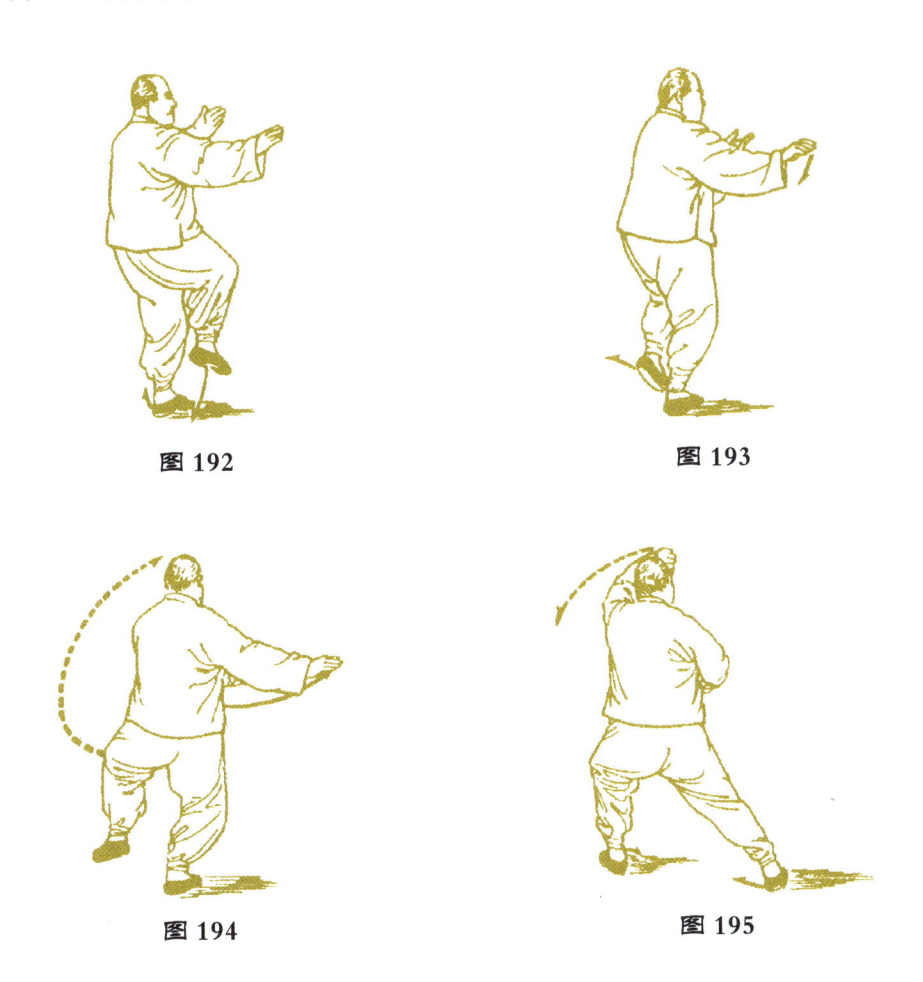

图192

图193

图194

图195

要领：

（1）打虎势在整体动作上要求处处对称协调，上下相随一致。比如，当右脚下落时，腰胯控制住身体的平衡，左腿相应地下蹲，同时两掌臂也要相随地下沉，避免单是右脚下落再移手、再下蹲等断续呆滞的形象；当转身迈步时，同时松右腿关节，转身就会自然松活，两臂在随腰左转的同时，也相应地向左平移，这样才能做到"迈步如猫行"和圆转自如，而不是先迈步再转腰、再移手的平板机械动作；当将成打虎势时，要一边握拳，一边弓腿，同时上下合手，腿到手到，上下相随，而不是腿先到再合手、再拧身；当势定时，要注意检查两臂呈弧形但不可亮肘，劲要圆满屈蓄但防耸肩弓背。眼神和面部表情要自然，不可故作怒目威严之势。

（2）劲点，左掌随左转体由掌背尺骨一侧旋至掌面。右掌在掌缘、腕、前臂下侧，继而成拳，主採劲。旋转身体时，内气松沉，胸前似有一气团，团聚而圆转。

用法：

设对方用左手打来，我即用右拳握住对方左腕往左下採，左拳翻转向对方面部击去。

第三十九式　右打虎势

动作：

（1）左脚尖内扣踏实，身体渐渐右转，重心渐渐落实左腿，右膝稍上提，使脚跟离地。同时，左拳随转体渐变掌，弧形稍向左下落，臂稍外旋使掌心朝下，略与肩齐。右拳变掌，臂外旋使掌心朝上，稍左移于左肱前。眼神稍顾及左掌，即随转体平视。（图196）

（2）重心渐渐全部移于左腿，身体继续右转，右脚渐渐提起，然后向右前（东南）斜角轻缓迈出，先以脚跟着地，随着重心的前移而全脚踏实，弓右腿，蹬左腿，成右弓步。随转体和重心的右移，右掌自左肱前向下经右膝前上向右（开始握拳并渐渐臂内旋）、向上画弧，使拳心翻朝外，停于右额前上方；同时，左掌渐握成拳，自左向前、向右平面画弧，屈肘横臂，置于心口前约三拳，拳心朝内，拳眼朝上，

与右拳眼上下相对。眼神先随右拳，当右拳将至右额前时，即向前平视。（图 197、图 198、图 198 附图）

要领及其他与第三十八式"左打虎势"相同，唯左右方向相反。

图 196　　　　　　　　　图 197

图 198　　　　　　　　　图 198 附图

歌诀：

猛虎扑来势虽凶，採摄巨臂敌势空。

忽转腰胯翻拳打，左右披身伏虎精。

第四十式　回身右蹬脚

动作：

（1）左脚以脚掌为轴，脚跟稍向内磨转落实，使脚尖朝东北，然后蹬右腿，屈左腿，腰渐左转，使重心渐渐左移。同时，左拳随转体向左平移，臂稍外旋，右拳稍向右弧形下移，此时两拳渐松开。眼神稍顾及两拳，随体转平视。（图199）

（2）重心渐渐全部移于左腿，身体继续左转，右腿提起，右脚提回于左踝旁。同时，两拳渐渐变掌，左掌向左前上稍移，微外旋使掌心朝内，右掌自右向下经腹前向左上弧形上抄，与左掌交叉合抱捧出，右手在外，掌心朝内。两掌高与锁骨齐，两臂呈弧形。眼神略顾及两掌合抱，即向右前平视。（图200）

动作（3）与第三十七式"右蹬脚"动作（2）相同。（图201）

要领及其他与第三十七式"右蹬脚"相同。

图199　　　　　图200　　　　　图201

第四十一式　双峰贯耳

动作：

（1）右脚下落，右膝提起，小腿自然下垂，左脚以脚掌为轴，身体迅速右转 45°，左脚跟随势向左辗转落实。同时，两掌随转体各自移向身前，随移随着松肩、屈肘、臂外旋，使掌心朝内上，两掌拇指相距同肩宽，掌心距锁骨前约五个半拳，两掌指尖高与鼻齐，两臂呈弧形。眼神顾及两掌合拢。（图 202）

（2）左腿渐渐下蹲，两肘下沉带动两掌下落，自前经右膝上向两旁画弧，两臂稍内旋使两掌心朝内相对；同时右腿向前迈出，先以脚跟着地，继而，弓右腿，蹬左腿，右脚随着重心前移而踏实成右弓步；同时，两臂继续内旋，随旋随着向前上画弧，两掌渐握成拳以虎口勾击，两臂形似钳状，虎口相对，两拳相距与脸同宽，稍高于头。眼神顾及两掌成拳勾击而前视。（图 203、图 204、图 204 附图）

图 202　　　图 203　　　图 204　　　图 204 附图

要领：

（1）落右腿，转身，摆左脚跟，要随着落臂、沉肩、松腰、落胯一起动，使转身动作松柔而沉稳。将要迈步时，要坐实左腿，收住左胯，然后左腿渐蹲来控制右腿前迈，身体要保持正直，手脚速度要均匀配合。

（2）转身时为合劲，劲点在两掌指和右膝尖。两掌下落向膝两旁画弧时，为开劲，劲点在两掌背和小指尺骨一侧，动作时裆劲下沉，以两肘下沉带动两掌，用整体的劲沉着松净地落下、划开。两掌由下向前上画弧时为开合劲，往前上运动时劲点在前臂外侧掤住，为开劲，势将定时为合劲，劲点在两拳虎口。弓步时，劲起脚跟，由腿而腰而背，节节贯穿于两拳勾击，腿到、身到、手到，协调而完整。

用法：

设对方用双手推来，我稍挫后足以缓来力，同时右膝提起撞击对方胸上部，双手从上将对方头或双臂向下按击。对方若用双手托住我肘臂时，我双手即从内向外、向上掤开，随掤随握拳上举，向对方太阳穴或双耳贯去。右脚进前，以助贯势。

歌诀：

遇敌推按休着慌，手叠敌臂压彼掌。
向外掤架上右步，力贯双拳取太阳。

第四十二式　左蹬脚

动作：

（1）重心不变，右胯根微松开外旋，右脚尖外撇约20°踏实，重心渐渐全部移于右腿。同时，腰微右转，左脚离地，左腿渐渐提起。与此同时，两拳变掌，沉肘坐腕，分向左右往下经腹前向前上画弧合抱，交叉于胸前，左掌在外，两掌心朝内。两掌由下往上时，两臂渐外旋上捧。眼神先顾及两掌画弧，当两掌合抱时即转向左前平视。（图205、图206）

动作（2）与第三十七式"右蹬脚"相同，唯左右相反。（图207）

要领及其他参阅前述有关分脚、蹬脚动作。

图205　　　　　图206　　　　　图207

第四十三式　转身右蹬脚

动作：

（1）以右脚掌为轴，脚跟稍感离地，同时，松腰胯，落左足，体微降，两臂略沉，腰腿迅速向右后辗转约260°。随转随着左脚向右后摆，先以脚尖着地落于右脚旁，相距约两拳，与右脚平行朝北略偏东，随着重心渐渐左移而全脚踏实，渐蹲，随即右膝领起，右脚尖虚着地。同时，左掌随转体平移画弧，右手收回，两掌外旋，合抱于胸前，右手在外，两掌心朝内。眼神随转体平视，并顾及两掌合抱。（图208、图209）

动作（2）与第三十七式"右蹬脚"动作相同。（图210）

图208　　　　　　　图209　　　　　　　图210

要领：

转身时，右脚掌须在体松腿摆的动势配合下，才能迅速而稳定地辗转，而不是局部断续地扭动。双手由开到合随转身同起同止，不可先转后合，身体由高到低均匀沉着，不要忽高忽蹲。

其他要领参阅第三十一式、第三十二式和第三十七式的有关要求。

用法：

设对方用手向左拦开我的左腿，或对方攻势迫近，我不及还招，我急右转身避开来势，再起右脚蹬之，此为连环踢法。

歌诀：

敌逼左侧近身前，我忽退步右转圈。
分手格握身蓄势，左蹬右踹步连环。

第四十四式　进步搬拦捶

动作：

（1）左腿渐渐下蹲，左胯微收下沉，右脚下落，膝提脚悬，腰微右松转。同时，右臂微内旋，右掌变拳，自前上向下经腹前弧形屈肘左绕，拳心朝下，停于左腹前；随体下蹲，左掌稍下沉，即由左向上稍画弧，高不过耳，掌心朝右下；两臂呈弧形。眼神稍顾及右掌左绕，即渐视前方。（图211）

动作（2）~（5）与第十二式"进步搬拦捶"动作（3）~（6）相同。（图212~图215）

要领及其他参阅第十二式"进步搬拦捶"。

图211

图212

图213

图214

图215

第四十五式　如封似闭

动作、要领及其他与第十三式"如封似闭"相同。（图216~图219）

图216

图217

图218

图219

第四十六式　十字手

动作、要领及其他与第十四式"十字手"相同。（图 220 ~ 图 222）

图 220 　　　　　　图 221 　　　　　　图 222

第四十七式　抱虎归山

动作、要领及其他与第十五式"抱虎归山"相同。（图 223 ~ 图 233）

图 223 　　　　　　图 224 　　　　　　图 225

图 226   图 227   图 228

图 229   图 230

图 231   图 232   图 233

第四十八式　斜单鞭

动作、要领及其他与第四式"单鞭"相同，唯方向是由西北向东南。（图 234～图 237）

图 234

图 235

图 236

图 237

第四十九式　野马分鬃

1. 右分鬃

动作：

（1）左脚尖内扣约60°踏实，腰微右转，重心渐渐全部移于左腿，右腿提膝带脚缓缓收回，于左踝内侧略虚悬。同时，左掌微内旋，向右屈肘弧形移于左胸前，掌心朝下；右吊手变掌，掌心朝下，自右向下、向左弧形抄至腹前，随抄随着臂外旋使掌心翻朝上，与左手掌心相对成抱球状；两臂呈弧形。眼神顾及两掌抱球，稍向右前视。（图238）

（2）右脚缓缓向前略偏右（略宽于"搂膝拗步"步型，但不是45°）迈出，腰仍向右缓转，先以脚跟着地，随着重心的前移而全脚踏实，脚尖与膝尖方向一致，弓右腿，蹬左腿，成右弓步。同时，右掌随转体向前上再稍向右以大拇指一侧弧形挒出，掌心斜朝上，高与眉齐，与右脚上下相对，方向一致；左掌向左弧形下採于左胯旁前，肘微屈，掌微坐，掌心朝下，指尖斜朝前。眼神顾及右掌挒出，稍先于右掌到达前方。（图239）

图238　　　　　　　　图239

2. 左分鬃

动作：

（1）右脚尖外撇踏实，腰微右转，右胯收住，重心渐渐全部移于右腿，左腿微起，先以脚跟离地。同时，右掌渐内旋，微下沉，与肩略平；左掌随转体平移于左小腹前。（图240）

腰继续右转，左腿提膝带脚缓缓收回，经右踝内侧向前虚悬。同时，右掌继续内旋，向左屈肘弧形移于右胸前，掌心朝下；左掌继续随转体向右抄至腹前，随抄随着臂外旋使掌心翻朝上，与右手掌心相对成抱球状，两臂呈弧形。眼神顾及两掌抱球稍向左前视。（图241）

（2）左脚缓缓向前偏左（略宽于"搂膝拗步"步型，但不是45°）迈出，腰向左缓转，先以脚跟着地，随着重心的前移而全脚踏实，脚尖与膝尖方向一致，弓左腿，蹬右腿，成左弓步。同时，左掌随转体向前上再稍向左以大拇指一侧弧形挒出，掌心斜朝上，高与眉齐，与左脚上下相对，方向一致；右掌向右弧形下採于右胯旁前，肘微屈，掌微坐，掌心朝下，指尖斜朝前。眼神顾及左掌挒出，稍先于左掌到达前方。（图242）

图240　　　图241　　　图242

3. 右分鬃

动作与"2.左分鬃"动作相同，唯方向相反。（图243～图245）

图243　　　　图244　　　　图245

要领：

（1）动作中要注意开合有序，上下相随，平稳连贯，意气顺达。比如，两手收合抱球时为合、为蓄，后腿的提起和迈步，全凭前腿胯根处微外旋、内收、下沉坐实，做到身正、肩平、肘不夹肋和气落腰围，小腹与后腿自觉松净，起步就会自如，迈步就会轻灵。弓步分手时，为开、为发，劲起脚跟，圆转于腰，贯穿于背，并由肩到肘、由肘到手，前后分开。后手採、按下落，勿离胯旁太远，前手由肘臂处掤起，挒出不可太高、太直，身体不可前扑或外偏，使势开而不散，劲促而不扑，左右势变换之间意气须顺遂，动作须圆转。

（2）此势主採挒劲，挒劲用于捋採之后，先採后挒。合劲时，前手收回的劲点在掌根主採。开劲时，挒手劲点在前臂外桡骨处。

用法：

设对方双手向我右手臂按来，我即用被按之手臂向回一送，随即将对方左右腕黏住，用手掤其腕部，并上步抄其身后，用肘腕部贴其腋下向外挒出。

歌诀：

　　　　斜单鞭后此势连，先採后挒左右环。
　　　　弓步助势攻腋下，肩靠肘打逼近旋。

第五十式　揽雀尾

1. 左掤势

动作：

（1）身体微右转，重心渐渐全部移于右腿，左腿提起，左脚收至右踝内侧。随着左腿提起，腰微向左松移。同时，右掌随转体屈肘下沉收于右胸前，随收随着臂内旋使掌心翻朝下，右肘稍下沉，略低于腕；左掌同时向右弧形抄至腹前，随抄随着臂外旋使掌心渐渐翻朝内上，两掌抱球相对，两臂呈弧形。眼神顾及右臂内收。（图246）

动作（2）与第三式"揽雀尾"的"左掤势"动作（2）相同。（图247）

要领及其他与第三式"揽雀尾"的"左掤势"相同。

图 246　　　　　　　　　　　**图 247**

2. 右掤势、3. 捋势、4. 挤势、5. 按势动作与第三式"揽雀尾"相同。（图248~图258）

要领及其他与第三式"揽雀尾"相同。

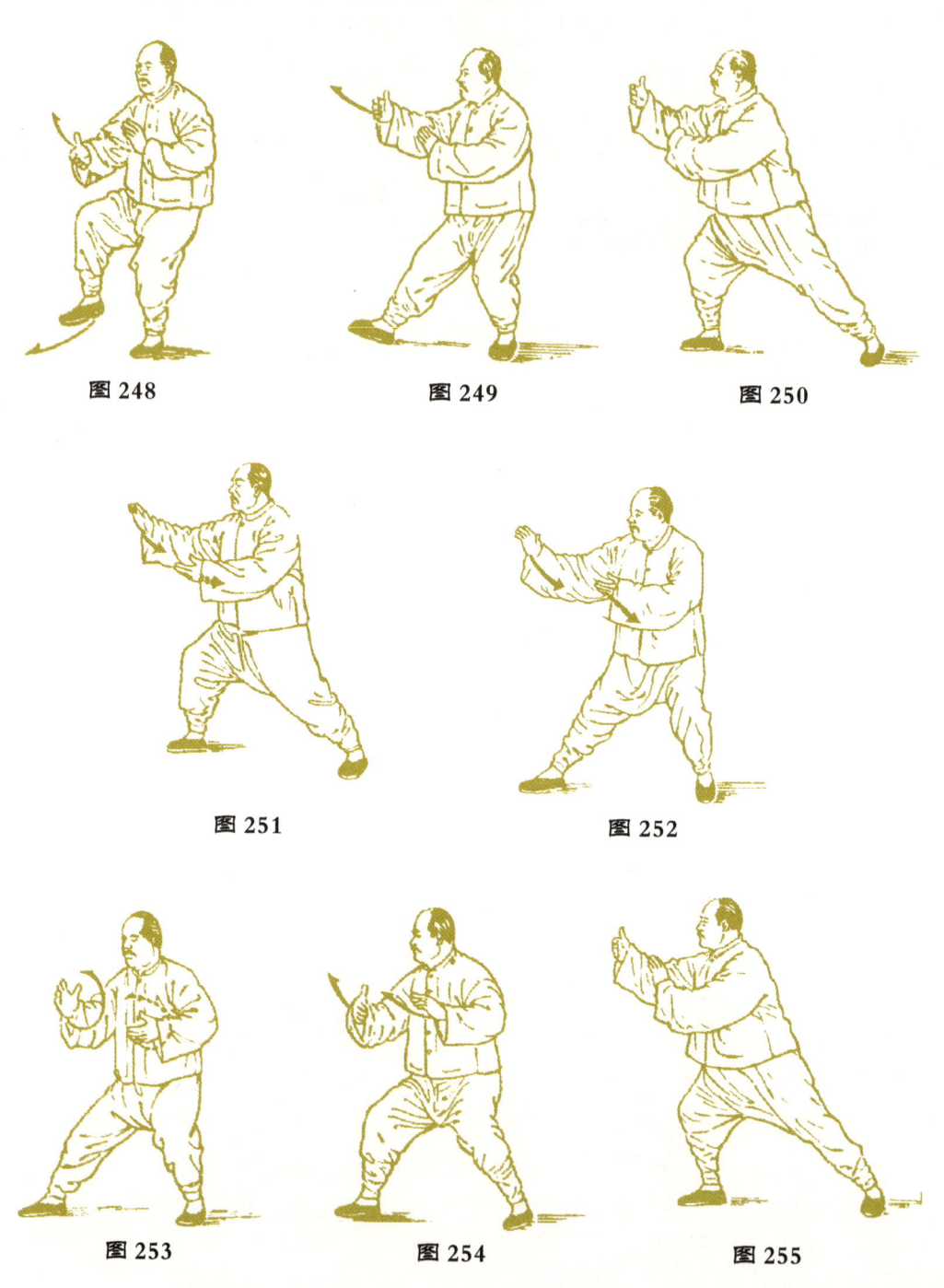

图248

图249

图250

图251

图252

图253

图254

图255

图 256　　　　　　　图 257　　　　　　　图 258

第五十一式　单　鞭

动作和要领与第四式"单鞭"相同。（图 259～图 262）

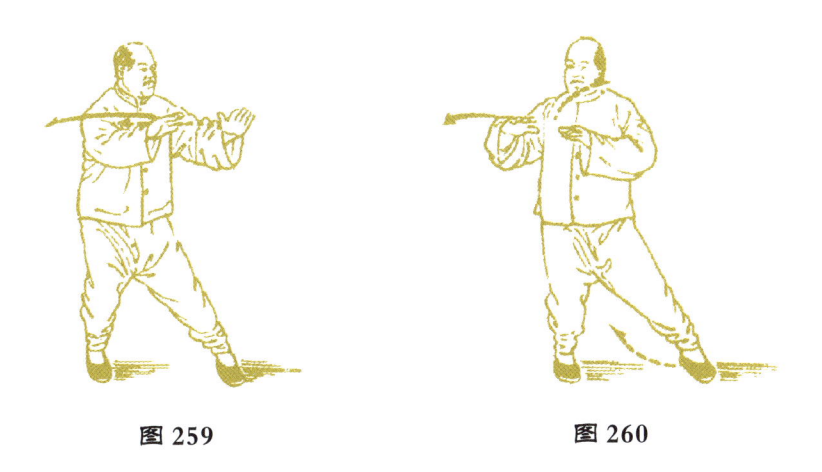

图 259　　　　　　　　　图 260

图261　　　　　　　　图262

第五十二式　玉女穿梭

1. 左穿梭

动作：

（1）身体重心不变，左脚尖尽力内扣（90°以上）踏实，体随之右转。同时，右吊手变掌，向下画弧至腹前右侧，坐腕；左掌稍下移，沉肘坐掌，掌心朝前下，指与肩齐。眼神顾及左掌下移，即向右平视。（图263）

（2）重心全部移于左腿，身体渐渐右转，右腿提起，小腿自然下垂。同时，右掌随转体自右下向左、向上经腹前、胸前臂外旋向右上弧形掤起，屈臂呈弧形，沉肩肘坠，掌心朝内，高与胸齐；左掌继续向前下画弧，置于左胯前，掌心朝下。眼神顾及右掌画弧前掤。（图264）

（3）身体继续右转，右脚向右前（西，稍偏北）迈出，先以脚跟着地，随着重心渐渐前移于右腿而全脚踏实。随即左腿领起，左脚经右踝内侧向前虚悬。同时，左掌随转体向右经腹前弧形移至右前臂下侧，掌心仍朝下；右掌也随转体仍稍右掤，随即右肘下沉，自然带动右掌向内、向下回移，

掌心朝内偏左上。两臂一上一下呈弧形相向。眼神稍顾及右掌后移，即转向左前平视。（图265、图266）

（4）左脚向左前斜方（西南）迈出一步，先以脚跟轻着地，腰微左转。同时，随着左脚迈出，左前臂经右前臂下侧向前微上掤，臂微内旋，掌心朝下，与膝齐，高与胸平；右掌同时经左前臂上稍后抽，臂稍内旋使掌心渐渐翻朝内下，撤于右腰旁，沉腕。眼神顾及左臂前掤，平视。（图267）

（5）重心渐渐移向左腿，左脚踏实，弓左腿，蹬右腿，成左弓步。同时，左前臂随弓腿经脸前内旋上翻，掌心朝前偏上方，左掌停于额前，肩松肘坠；右掌同时随左臂上掤向前推出，随推随臂内旋使掌心朝前微偏左，坐掌，掌根正对胸口。眼神顾及右掌前推，平视。（图268）

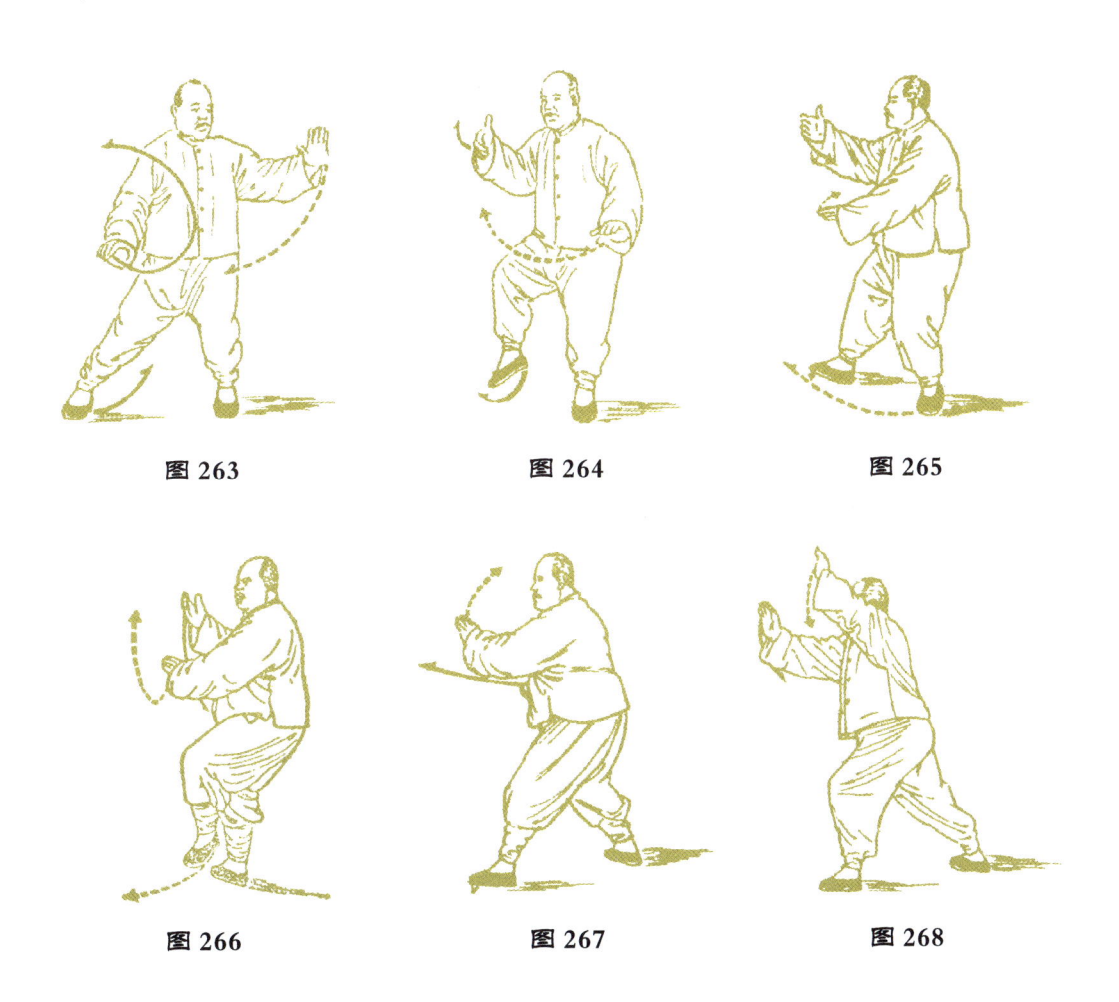

图263　　　　　　图264　　　　　　图265

图266　　　　　　图267　　　　　　图268

2. 右穿梭

动作：

（1）重心不变，身体渐右转，左腿内旋，左脚尖尽力内扣踏实。同时，两手臂随转体稍向下松沉，左肘下沉右移，自然带动左掌移至锁骨前约三个平拳，随移随着臂外旋使掌心翻朝内；右掌同时屈肘横臂呈弧形下移，随移随着臂外旋使掌心朝内，以右掌心对左肘尖，似贴非贴。眼神顾及左掌移动。（图269）

（2）身体继续右转，重心渐渐全部移于左腿，右脚提回，随体转自然移动。同时，右臂稍内旋向右掤；左掌沉肘经右前臂上侧稍向后下抽回，眼神随右臂前视。（图270）

动作（3）（4）与"1.左穿梭"的动作（4）（5）相同，唯左右手相反，且前左穿梭方向为西南斜方，此右穿梭方向为东南斜方。（图271、图272）

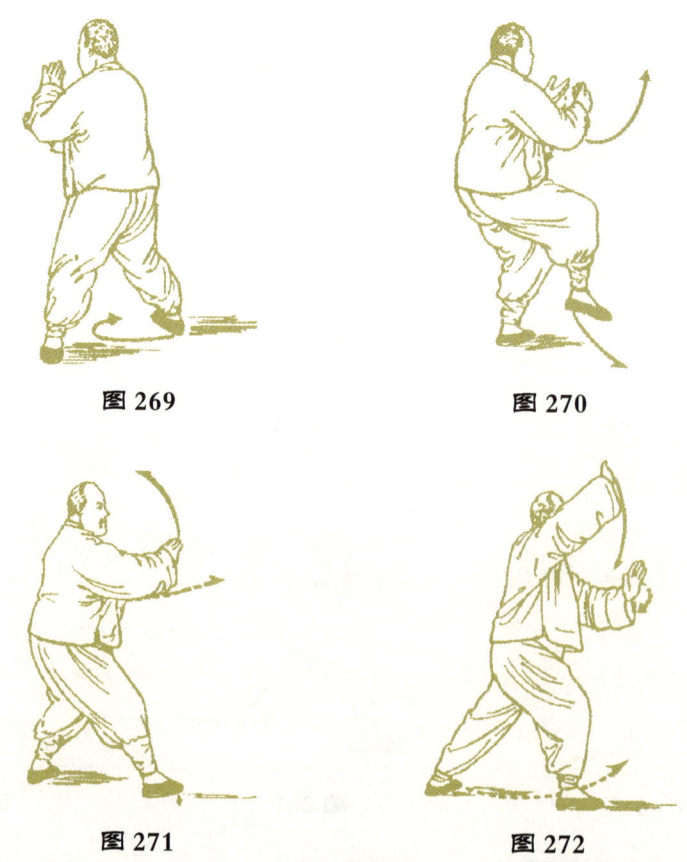

图 269

图 270

图 271

图 272

3. 左穿梭

动作：

（1）重心渐渐全部移于右腿，身体微右转，左腿领起，左脚经右踝内侧向前虚悬。同时，沉肩肘，松腰胯，左掌屈肘横臂微落，使掌心朝内下，臂呈弧形于胸前；右肘下沉，自然带动右掌向下回移，臂外旋掌心翻朝内上，眼神稍顾及右掌下移，即转向前平视。（图273）

动作（2）（3）与"1.左穿梭"的动作（4）（5）相同，唯前左穿梭为西南斜方，此左穿梭为东北斜方。（图274、图275）

图273　　　　图274　　　　图275

4. 右穿梭

动作与前"右穿梭"相同，唯前右穿梭为斜东南方，此右穿梭为斜西北方。（图276~图279）

图276

图277

图278

图279

要领：

（1）玉女穿梭打四个方向，旋转角度大，身体不可出现忽高忽低、或俯或仰、或断或停和自缚其身的现象。在每个开与合、虚与实的转身或上步动作中，时刻留意于腰隙间的"内气潜转"，即腰部的"虚实变换"，才能使身体正直，姿势平稳，动作沉稳松活，连贯相随，协调一致。

（2）当一掌向前上翻时，要防止肩上引肘上抬，推出的手臂直中有屈，同时注意与弓步的方向一致，做到虚灵顶劲、含胸拔背、松肩坠肘、气沉丹田、劲贯足跟和发劲沉着松净，专主一方。此时劲点，上手在腕尺骨一侧，推掌在掌根。当动作收合旋转时，两肩背要松弛，气落腰际，上手臂的劲点在肘腕部，随着臂外旋要边引边旋，但不可失去掤意，下边的手与肘合，劲点在掌心。

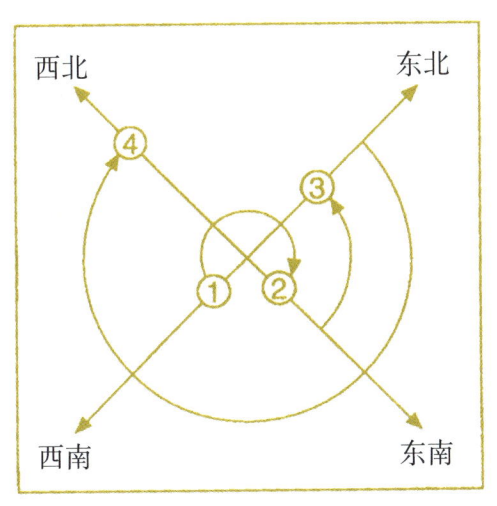

"玉女穿梭"面部转向图

用法：

玉女穿梭的基本用意是封四角，以我手臂架托对方手臂，另一手同时向对方肋间进击。设对方在我右侧用左掌推来，我右手收回封採住对方左肘以缓来力，再顺其化劲换我左臂由下掤托其左臂，兼封对方右臂向上托起，进而进步推掌向对方肋间进击。再设对方用双手按推我上托之左臂，我左臂即松沉旋转对方来劲，我右手採住对方右腕于我左肘尖上，以黏合旋转之劲使其背我。四个穿梭掤打跌拿，旋转摇化，忽隐忽现，使对方捉摸不定，则我有机可乘矣。

歌诀：

转身顺掤拗手击，双臂斜穿肘后齐。
旋肘摇化走内劲，贴身滚挤莫相离。

第五十三式 揽雀尾

1. 左掤势

动作：

（1）重心不变，右脚尖微内扣使之朝正前方稍偏内，随即重心渐渐移于右腿，左脚渐起，左脚尖向右至右踝内侧。同时，右肩肘松沉，带动右掌内收于右胸前，随收随着臂微外旋使掌心朝下，右肘稍坠，略低于腕；左掌同时随着沉肩向左下再向右前弧形抄至腹前，随抄随着臂外旋使掌心朝上。两掌上下相对如抱球状，两臂呈弧形。眼神顾及右臂下沉，即向左前平视。（图280）

动作（2）的要领及其他与第三式"揽雀尾"左掤势相同。（图281）

图280   图281

2. 右掤势、3. 捋势、4. 挤势、5. 按势动作要领及其他均与第三式"揽雀尾"相同。（图282～图292）

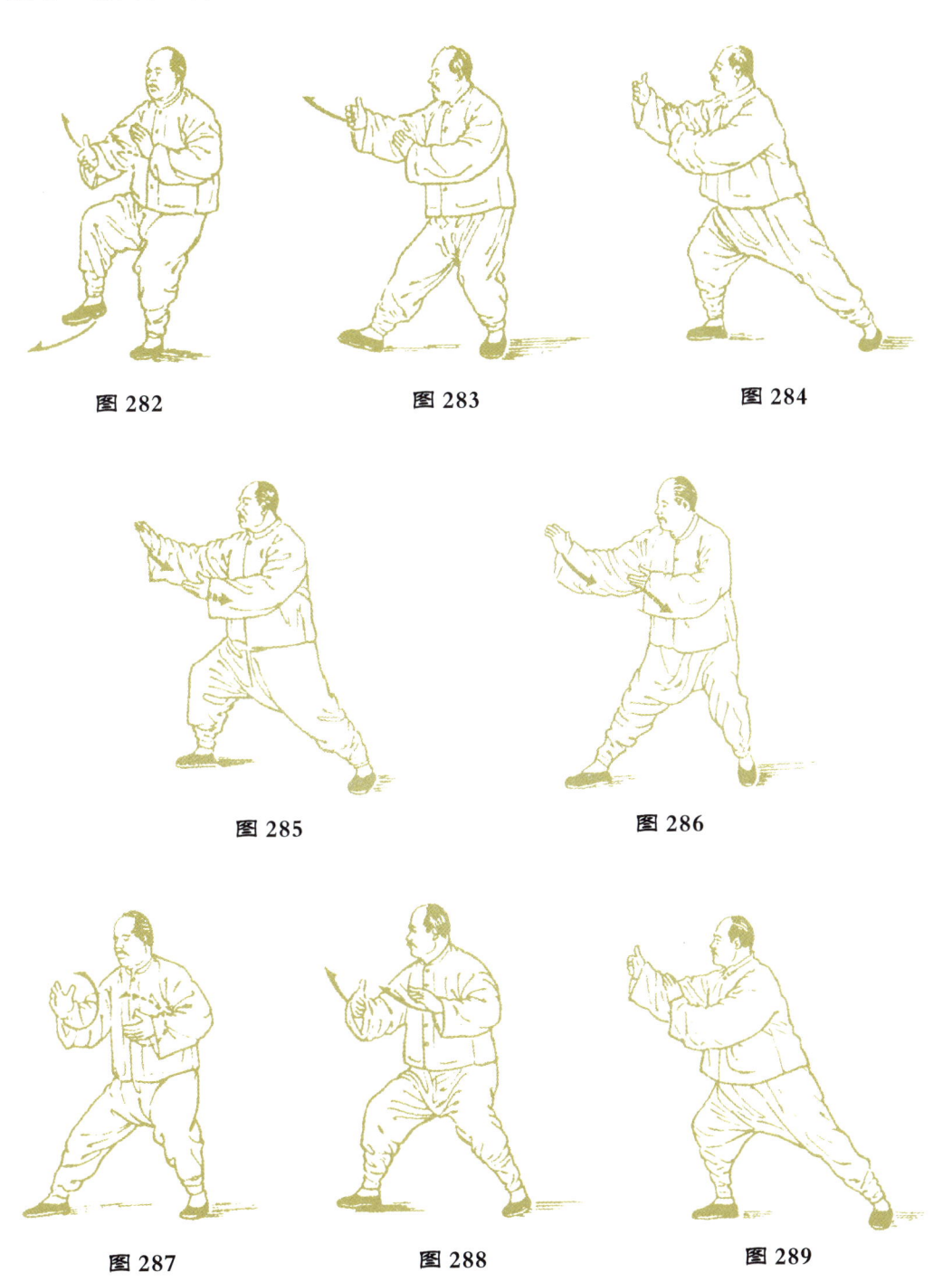

图282

图283

图284

图285

图286

图287

图288

图289

图290　　　　　　图291　　　　　　图292

第五十四式　单　鞭

与第四式"单鞭"相同。（图293～图296）

图293　　　　　　　　图294

图 295 　　　　　　　　图 296

第五十五式　云　手

与第二十八式"云手"相同。（图 297 ~ 图 303）

图 297 　　　　　　　　图 298

图 299 　　　　　　　　图 300

图 301 　　　图 302 　　　图 303

116

第五十六式　单　鞭

与第二十九式"单鞭"相同。（图 304～图 307）

图 304

图 305

图 306

图 307

第五十七式　下　势

动作：

右脚尖外撇（朝南偏西约 15°）踏实。随着脚尖外撇，右胯根微内收下沉，右胯与膝随脚尖向外旋松开，膝尖与右脚尖方向一致，腰同时微右转，重心随之微向后移。与此同时，右吊手不变，右臂随右脚外摆而微后移拔展，右肩关节舒开；左手掌微外旋使掌心朝右，手指朝前，拇指朝上，左肩关节微前舒开，肘微下沉，腕部微坐。随之，重心继续后移，右腿渐渐屈膝下蹲，成左仆步；同时，左臂随着重心后移而渐屈肘内收下沉，左掌仍坐腕，经胸前弧形向下，由左腿内侧前穿。前穿时，腰微向左前转送。眼神先稍顾及右吊手后移，随即顾及左掌下沉前移。（图 308、图 309）

图 308　　　　　　图 309

要领：

（1）当右脚尖外撇、重心微后移时，周身骨节均须松开，右胯根要微后抽，裆开，使身体重心的意向往后下落，而不是向右脚上坐，这样容易出现单偏、劲死，右腿膝部力量过于集中，右脚跟就容易抬起，身体也直不起来，这就不符合"立身中正安舒"和"向前退后，仍能得机得势"的要求了。

（2）当重心后移下落、左掌弧形内收下移时，头要顶劲，腰要松竖，肩要松沉，以腰身带回左肩，肩带肘移，肘带手黏回，节节贯穿地带动左掌下沉。后吊手不可因身体下蹲而高起或下落或僵直，仍随体转而随和地移动，保持两肩平，头正。成仆步时，左胯根微沉，左膝微屈，左脚尖不可翘起。整体动作要做到"腹内松净，神舒体静"。

（3）左手臂弧形下移时，劲点要圆转移动。当左掌外旋坐腕时，主采拿劲，劲点在腕及小指掌缘一侧，收回时劲点在尺骨一侧，但不失掤意而丢劲；当掌前穿时，劲点在前臂掌背一侧，其后移和向前运劲的主力是以腰、胯、膝三个部位，手臂部的劲意要含采截、黏回，贴随掤撩。

用法：

设对方从前面用右手抓住我左腕，我即旋掌采截，若用手来击，我即顺势封回，蓄势伺机进击。

歌诀：

下势避敌转腰胯，手似采蝶下寻花。
逆收顺采皆由我，退进自如用不差。

第五十八式 金鸡独立

1. 左独立势

动作：

（1）随着左掌由左腿内侧向前上穿，左膝渐向前弓，腰渐向左转，身体渐向前移，右脚尖渐内扣，右腿渐蹬成左弓步。随着左膝前弓，左脚尖外撇踏实，同时，右吊手渐松微展下移至右胯后方。眼神顾及左手上穿，仍随手前视。（图310）

（2）重心继续前移，腰随势稍左转，右腿随即提起，先以脚跟离地，以膝领足，膝上顶与腰平，脚尖朝前，自然放松，左腿随右膝上提而渐渐立起，成左独立势。同时，左掌随着身体左转前起而臂内旋弧形从左膝前上向左搂开，停于左胯旁前，掌心朝下，手指朝前；右手渐展变掌，随右腿起，经右大腿侧向前上弧形上托，屈肘置于面前，手指朝上，高与眉齐，掌心朝左。眼神顾及右掌上托，仍平视前方。（图311、图312）

图310　　　　　　　　图311　　　　　　　　图312

2. 右独立势

动作：

左腿渐渐下蹲，右脚下落，先以脚尖落于左脚跟旁，腰微右松转，随即重心渐渐移于右腿而全脚踏实。右脚跟落地时稍向内扣，使脚尖稍向外。随着重心落实，左腿渐起，以膝领足，膝尖上顶与腰平，脚尖朝前，自然放松，右腿随左膝上提渐渐立起，成右独立势。同时，随着左腿的下蹲和右脚下落，右掌由上向下往右弧形、臂内旋落至右胯旁前，掌心朝下，手指朝前；左掌随着左腿起，经左大腿上侧向前弧形上托，屈肘置于面前，手指朝上，高与眉齐，掌心朝右。眼神顾及左掌上托，仍平视前方。（图313、图314）

图 313　　　　　　　　图 314

要领：

（1）由单鞭到下势，由下势到左右独立，形若波澜，柔韧而圆转，"动急则急应，动缓则缓随"；意存腰脊，气通九曲，劲贯四梢。其外形内意，出神入化而相承相合。

（2）当下势左仆步向前移动重心时，内劲必于脚下升至腰隙，右胯前送，小腹前移，左膝前领，移动中使身体与重心平行前移，避免身体前俯或立腿前移。当重心将要全部移至左腿时，左胯及腰仍须稍向左旋转，右脚尖与右胯仍须向前稍蹬送，腰同时稍上长，使腰胯领起右腿，膝领足向前提起。此时，左腿力沉而稳固，腰身柔韧而劲长，右腿劲蓄而轻灵。当右脚一经离地，右膝渐上顶，左腿即渐起，不可出现先左腿直立、右腿后起的现象。此时，腰有由左向右上转正的微动，使之内劲旋转而顺达。势定时左膝仍要虚屈，胯根仍要收住，此所谓"劲以屈蓄而有余"。当右脚下落时，左膝同时渐屈，同时腰微有左旋下沉之意；随着重心的右移，腰随之右转，当左膝提、右腿渐起时，腰随之有由右向左上转正的微动。左右势要求和含义一样。

（3）手的运动要与腰腿相互随动，即"手随足运"，又"足随手运"。当左腿前弓，右腿蹬起时，左掌领膝，劲点在掌根，右掌须随右腿蹬而渐落，就像跷跷板一样。当右膝前提、左腿渐起时，先以右手领右腿，继而以右肘领右膝，肘与膝合，劲点在掌心、膝和脚尖；左掌同时下沉下按。此时，内劲通流两臂，右掌劲力要通过左腰眼贯于左脚跟，使劲力形成上下对衬、稳固充实而又松活有余的气势。右腿下落时，以膝领肘，手随足运，继而按掌下沉。左右势要求和含义一样。

用法：

设对方右手抓住我左腕不放并向后上拉去，我随即弓步随上，左手上挑或外搂，右掌扑其面（或用右手顶彼左肘），右膝近顶对方腹部、远踢对方裆下。当对方左手抓住我右腕不放，我右掌向外扳去，右脚下踩其脚面，再左膝脚上撞，左掌紧封其面。

歌诀：

顺势跟进蛰龙现，擎掌托肘敌臂弯。

下踩脚背勿轻用，提膝休撞下丹田。

第五十九式　左右倒撵猴

1. 右倒撵猴

动作：

（1）右腿渐渐屈膝下蹲，左脚下落至右踝内侧虚悬。同时，右掌向斜后方弧形上举与肩齐平，左掌伸臂前移，两臂同时外旋使两掌心斜朝上，眼神顾及右掌向后上移。（图315）

动作（2）（3）与第十七式"左右倒撵猴"的"1. 右倒撵猴"动作（3）（4）相同。（图316、图317）

"2. 左倒撵猴""3. 右倒撵猴"与第十七式"左右倒撵猴"相同。（图318～图323）

要点及其他与第十七式"左右倒撵猴"相同。

杨氏太极拳动作图解、用法及歌诀 | 第二章

图 315　　　　　　图 316　　　　　　图 317

图 318　　　　　　图 319　　　　　　图 320

图 321　　　　　　图 322　　　　　　图 323

123

第六十式　斜飞势

与第十八式"斜飞势"相同。（图 324 ~ 图 326）

图 324

图 325

图 326

第六十一式　提手上势

与第十九式"提手上势"相同。（图 327～图 331）

图 327

图 328

图 329

图 330

图 331

第六十二式　白鹤亮翅

与第六式"白鹤亮翅"相同。（图332）

图332

第六十三式　左搂膝拗步

与第七式"左搂膝拗步"相同。（图333～图337）

图333

图334

图335

图336

图337

第六十四式　海底针

与第二十二式"海底针"相同。（图 338 ~ 图 340）

图 338　　　　　图 339　　　　　图 340

第六十五式　扇通背

与第二十三式"扇通背"相同。（图 341、图 342）

图 341 　　　　　图 342

第六十六式　转身白蛇吐信

与第二十四式"撇身捶"相同，唯做动作（4）时，右拳渐变掌弧形下撇，收于腰侧，掌心朝上。（图343~图346）

要领及其他与第二十四式"撇身捶"相同。

图 343

图 344

图 345

图 346

第六十七式　搬拦捶

与第二十五式"进步搬拦捶"相同，唯做动作（1）时，右掌渐变拳内旋向前上方中线伸于左掌上侧。（图347～图353）

图347

图348

图349

图350

图351

图 352　　　　　　　　　图 353

第六十八式　揽雀尾

与第二十六式"上步揽雀尾"相同。（图 354 ~ 图 365）

图 354　　　　　　图 355　　　　　　图 356

杨氏太极拳动作图解、用法及歌诀 | 第二章

图357

图358

图359

图360

图361

图362

图363

图364

图365

131

第六十九式 单 鞭

与第四式"单鞭"相同。（图 366～图 369）

图 366

图 367

图 368

图 369

第七十式　云　手

与第二十八式"云手"相同。（图370～图376）

图370

图371

图372

图373

图374

图 375　　　　　　　　图 376

第七十一式　单　鞭

与第二十九式"单鞭"相同。（图 377～图 380）

图 377　　　　　　　　图 378

图 379 　　　　　　　　　图 380

第七十二式　高探马带穿掌

1. 高探马

动作和要领与第三十式"高探马"相同。（图 381～图 383）

图 381 　　　　　图 382 　　　　　图 383

135

2. 左穿掌

动作：

（1）右胯微下沉，右腿渐渐下蹲，左脚轻收虚悬，随着重心全部移于右腿和下蹲，腰微右转。同时，右臂掌渐渐外旋，稍向左向下弧形收回，臂呈弧形横于胸前，右掌心朝内上；左掌同时经右掌上向前穿出，掌心朝上，指尖斜朝前。肘不夹肋。眼神平视前方，顾及右掌收回。（图384）

（2）左脚向前迈出一步，先以脚跟着地，随着重心渐渐前移而全脚踏实，弓左腿，蹬右腿，成左弓步。同时，随着左脚的迈出，右掌继续内收于左肘下，掌心朝内上，左臂仍向前穿出。在重心渐渐前移弓步时，左掌继续前穿，肘与膝齐，掌心朝上，高与喉平。同时，右掌内旋使掌心渐渐翻朝下，微内收停于左腋下，手指朝左。眼神顾及左掌穿出而前视。（图385）

图384 　　　　　　　　图385

要领：

（1）左脚收回时身体不可后仰，迈步弓步时身体不可前俯。同时，手与足的动作要同收同出，协调一致。

（2）右臂收回时劲点在掌缘，随着滚翻外旋而移至尺骨一侧。注意右臂收回时要沉肩坠肘，肘腋间仍要存在圆活之意，不要自缚其身。左掌前穿时劲在掌背指尖，注意左肩不可前探，手臂不可伸直，要留有伸屈之余地。

用法：

设对方用左手趁机握住我前刺的右手腕，我右手即外旋下沉，压开对方虎口，并屈臂平收，护我左肘及胸部，同时我左掌迅速前穿，与高探马连环守护穿刺。步法一随一套弓出，以助穿掌前刺之力。

歌诀：

右手探马以高强，谁料左手又穿掌。
胸前护肘靠右手，左脚跟进又难防。

第七十三式　十字腿

动作：

（1）重心不变，左胯膝内旋，左脚尖内扣踏实，身体渐渐右转，重心渐渐全部移于左腿，右脚向左轻缓提起。同时，随转体左臂屈肘右移，掌心朝内，抱于胸前；右掌随体转经左臂外侧右移，随移随着臂外旋使掌心朝内，与左臂合抱于胸前，右掌在外，与左掌十字交叉。眼神顾及两掌合抱，并随体转平视。（图386、图387）

动作（2）与第三十七式"右蹬脚"动作（2）相同。（图388）

图386　　　　　　图387　　　　　　图388

要领：

（1）当左脚尖内扣、腰右转时，两肩肘要同时右移松沉，气落腰胯，使右肘有往右松活之意，左掌有向右劈合之意。

（2）十字腿原来的练法是单摆莲，现在的练法为杨澄甫最后修订的动作，也最为普遍，故本书只介绍最后定型的动作说明。

要领及其他参阅第三十七式"右蹬脚"。

第七十四式　进步指裆捶

动作：

（1）左腰胯微收下沉，左腿渐渐下蹲，右脚下落，提膝虚悬。同时，右掌变拳，自前向下落于右腿内侧，随绕随着臂微内旋使拳心转朝右下，拳眼朝内；左掌同时稍下沉右移，屈肘呈弧形于身体左侧方，掌心朝前下，坐掌同肩高。眼神顾及右拳下移，即向前平视。（图389）

（2）松腰胯右转，右脚向右前斜方上步，先以脚跟着地，随着重心渐渐前移，脚尖外摆踏实。同时，右拳随转体自左向上经胸前向右搬挑，随搬随着臂外旋使拳心翻朝上，高与右胸齐；左掌同时向前弧形拦出，掌心朝右，高与肩齐。眼神顾及右拳右搬，随即随左掌前视。（图390）

图389　　　　　图390

（3）重心渐渐全部移于右腿，左腿渐渐提起，左脚经右踝内侧向前上步，先以脚跟着地，同时腰继续右转。随转体上步，右拳向后收于右腰侧，稍外旋使拳心朝上；左掌自前稍向右下弧形搂按，停于腹前左膝上，臂呈弧形。眼神顾及左掌前视。（图391）

（4）身体渐渐左转，重心渐渐移向左腿，蹬右腿，弓左腿，成左弓步。同时，左掌向前、向左经左膝前弧形搂至左膝旁，掌心朝下，坐掌；随着搂膝，腰微向前折俯，右拳向前腹部打出，拳心转朝左，拳眼朝上。眼神向前平视，并顾及左掌左搂和右拳打出。（图392）

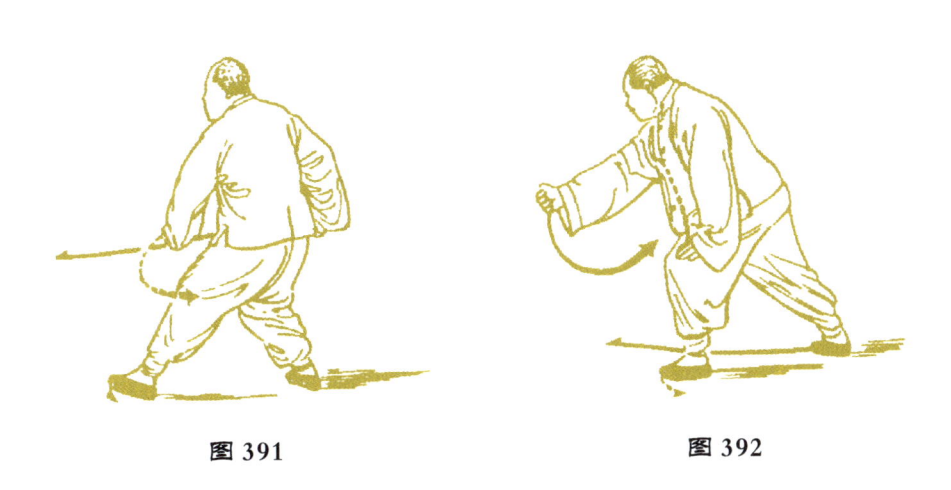

图 391　　　　　　　　　图 392

要领：

由十字腿下落时，左腿须渐渐下蹲，手脚同收，做到协调、均匀、柔和。当右脚迈出弓步时，左腿随即领起，不可做成右弓步定实后再移动起步，应使动作连续而圆转进击。

其他要领参阅第三十四式"进步栽捶"。

第七十五式　上步揽雀尾

1. 掤势

动作：

左脚尖外撇踏实，重心渐渐全部移于左腿，腰渐渐左转，身体渐渐直起，右腿提起，右脚经左踝内侧向前虚悬。同时，左掌由下向上提起于左胸前，屈臂沉肘，掌心朝下；右拳变掌自前向左弧形抄至左掌下方，随抄随着臂外旋使掌心朝右上方，与左掌成抱球状，两臂呈弧形。眼神略顾及左掌上提，即转向右前方平视。（图393）

"2.右掤势""3.捋势""4.挤势""5.按势"与第三式"揽雀尾"相同。（图394～图403）

图393

图394

图395

图396

图 397

图 398

图 399

图 400

图 401

图 402

图 403

第七十六式 单 鞭

与第四式"单鞭"相同。（图 404～图 407）

图 404

图 405

图 406

图 407

第七十七式　下　势

与第五十七式"下势"相同。（图408、图409）

图408

图409

第七十八式　上步七星

动作：

随着左掌由左腿内侧向上穿，左膝渐渐前弓，腰渐左转，身体渐朝前移，右脚尖渐内扣，右腿渐蹬成左弓步。随着左膝前弓，左脚尖外撇45°踏实，右脚提起，经左踝内侧向前迈出半步，脚尖着地，成右虚步。同时，左掌上穿至胸前变拳，屈臂沉肘，拳心朝下稍内；右吊手变掌下落，随着右脚前迈经腰际再变拳，再向前从左拳腕下穿出，交叉于左拳下。两拳随着成右虚步，同时稍内旋前掤，使两拳眼朝内稍上，拳心朝两侧下，高与锁骨齐。眼神随两拳前掤前视。（图410、图411）

图 410　　　　　　　　　图 411

要领：

（1）参阅第五十七式"金鸡独立"的要领。

（2）拳诀曰"上步七星架手式"，其意以防御为主，变着中含有既可进击，又可闪化的作用。"七星"指人体的头、肩、肘、手、胯、膝、足七个部位，在作用上可顶、打、击、撞、靠等。这七个部位是练好拳架和进敌与御敌必须留意的部位。它的基本要求要做到"手脚相顾""分清虚实"，劲掤而不僵，体松而不软。比如，上右脚时手脚齐出、齐动、齐到；成虚步时右脚掌略撑身体重心，不能完全由左腿支撑；两拳掤出时，劲点要通过肩背，注于腰间，贯于脚跟，使掤击之拳动短、意远、劲长。

用法：

设对方用右掌抓住我左腕，我身即趋前而起，双手变拳，交叉于胸前，将对方手托架上掤。或左拳上架，右拳击对方胸口，同时用右脚踢其下部。

歌诀：

上步七星变无穷，看似防守实寓攻。
远打近靠中出肘，前踢旁踹膝上冲。

第七十九式　退步跨虎

动作：

（1）重心全部移于左腿坐实，右脚稍提起收回，经左脚内踝向后稍偏右退步，先以脚尖落地。同时，腰先稍含向左松沉之意，随即随着退步微右转，重心渐移于右腿，右脚跟随着重心后移内收（使脚尖斜朝外）而全脚踏实；同时，两臂稍向右下松沉，两拳渐松变掌，使左掌心朝右下，右掌心朝左内侧上方，两腕仍相交，两臂呈弧形。眼神顾及两拳变掌前视。（图412）

（2）重心继续后移，渐渐全部移于右脚，左脚随即略向后提，腰仍随体右转。同时，两掌渐渐下落分开，右掌向下、向后再向右上弧形移动展开，左掌随转体往右稍向下沉。继而，腰左转使身体朝正前方，左脚距原地半脚许落下，以前脚掌着地微撑，膝微屈，成左虚步。同时，右掌经右胯旁向右、向上并随转体弧形上举于身体右侧上方，高与头齐，掌心翻朝前，右臂呈弧形展开；左掌同时随转体自前向下、向左弧形落于左胯旁前，掌心朝下，手指斜朝前外。眼神先顾及右掌向右画弧，当右掌自右向上画弧时，即转向前平视。（图413）

图412

图413

要领：

（1）左右腿虚实转换及腰胯的旋转要顺遂自然，寓意于内，外示安逸。身体不可忽高忽低、或俯或仰、或左右偏摆。始终要"虚灵顶劲，含胸拔背，气沉丹田"。

（2）两臂在沉落旋转开合之中，要以指、掌、腕领劲，通于两臂，蓄于腰际，贯于足跟。当两臂向内松沉时，两前臂与掌腕间，随沉随化，内含掤劲，引其入榫。随即以大开大展之势，闪开正中，而开展中又寓合劲，使劲力不丢不顶而粘连黏随。注意在两臂沉落时肩松肘撤，不可夹肋。在两臂展开时不能做得跟"白鹤亮翅"一样，而比"白鹤亮翅"要展开些，但不能散开。舒展大方中寓缠绵曲折之意趣。

用法：

设对方双手来按或双手抓住我左右腕，我即撤步旋转两臂，以黏随折叠之劲引其落空。或设对方用腿踢我下部，我用左手搂开，右掌前击。

歌诀：

上压下踢来势欢，退步闪战莫迟缓。
圆转两臂任开合，粘连黏随稳如盘。

第八十式　转身摆莲

动作：

（1）左掌自左胯旁向左、向上弧形移至左额前，掌心朝前；右掌自上向右、向下弧形下落，经腹前推至胸前，掌心朝左前下方。两臂呈弧形。同时，随两臂圆转，腰胯微随之右转再左转，身仍朝正前方。（图414）

（2）接着，重心移于右腿，以右脚掌为轴，腰身向右后转，带动左腿膝内旋，左脚掌随即略踩地而起，随体向右后摆转约230°，使身体朝东北斜角；同时，两掌向右后运转，随运随着右掌渐起渐展，高与鼻齐，左掌渐落，与胸平，两掌心皆朝下。

当身体转至东北斜角时，左脚在右脚西北方向落地，使两脚尖皆朝东北方向。左脚先脚尖、后脚跟，随重心渐渐移于左腿而全脚踏实，左腿膝微坐，右脚掌虚着地，略成右虚步状。同时，两掌随转体向右平移，右掌移于东南斜角（45°），左掌移于右腕左侧，稍低于右掌。两臂呈弧形，松肩坠肘，松腰胯。眼神随转体平视，顾及两掌右移。（图415~图417）

（3）腰自右向左转，右脚自右向左、向上弧形摆起，随摆随着长腰，身起（左膝稍起）。继而右脚向右摆出，膝部自然微屈，脚高不超过肩部，脚面略绷平，腰同时微右转；同时，两掌自右向左迎着右脚拍击，先左掌拍击，后右掌拍击。眼神顾及两掌拍击脚面。（图418、图419）

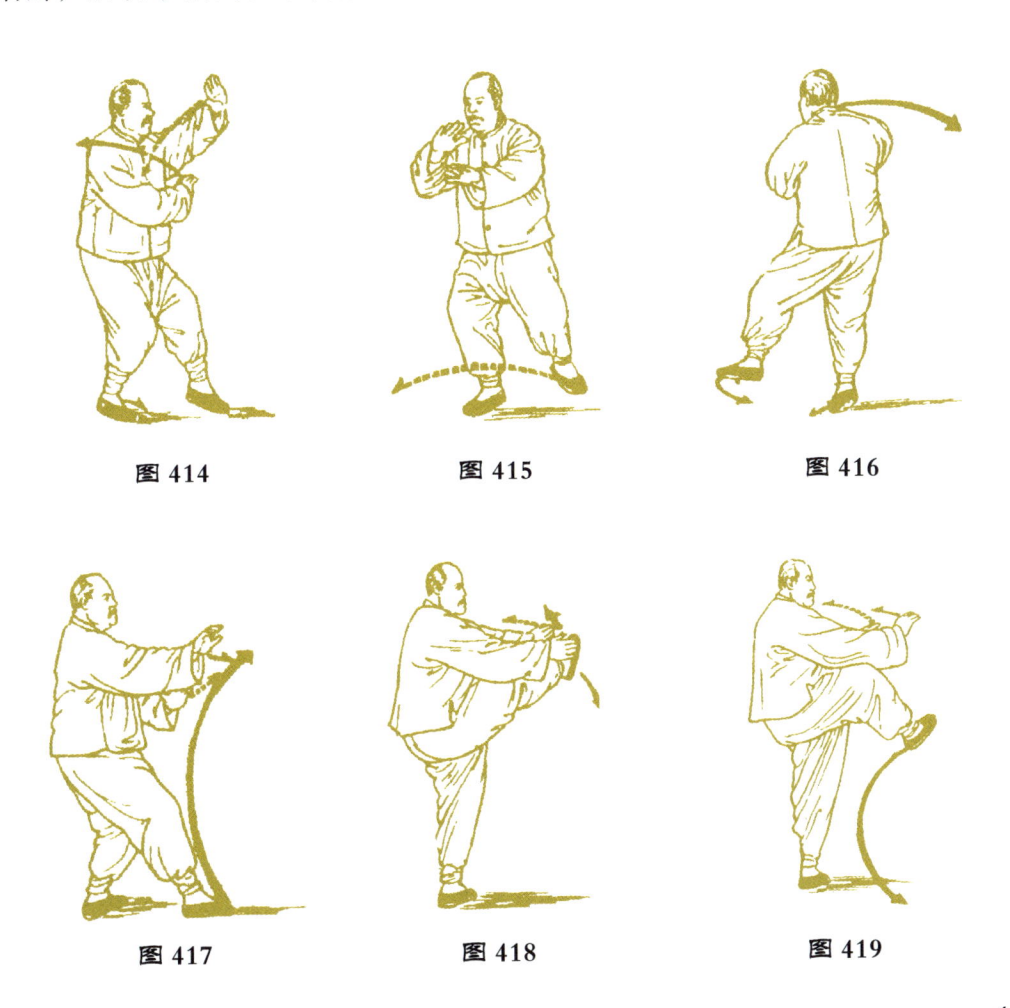

图414

图415

图416

图417

图418

图419

要领：

（1）杨澄甫先生曾说："所谓柔腰百折若无骨，撒去满身都是手。"这是对太极拳术要领的高度集中概括。"转身摆莲"势更刻求这种奥妙，其要点是做到"柔腰"。比如，做动作（2）时，两臂圆转，左虚步势虽然不变，但要膝屈裆圆，胯落腰活，注意腰隙间顺势动而内随，气息调节，劲贯四梢，内力充实。当转身旋转时，内气潜转，腰身右旋，重心全部落于右脚掌，由两肩肘松柔地起落右运，带动腰围向右平移转，而左脚略踩地即起，随腰外旋，促身圆转。整个旋转动作，皆以腰胯为动源，臂领腿促，上、中、下协调一致，松活自如，稳定平衡。而不是单靠扭身或者单靠左腿的画圈抛动使其旋转。及至完成拍脚动作和下一势"弯弓射虎"动作，均要有"杨柳摆春风"之盎然意趣。

（2）转身后到左脚落地，仍要保持原屈坐的高度，当右腿上摆时，左腿才渐立，但膝节仍微屈。右腿摆莲以横劲外摆，高不过肩。两掌虽依次先左后右拍击脚面，但其意要有脚拍手之感，这样腰腿部的柔韧力量增强，右腿出脚就快，发声也就脆而干净。

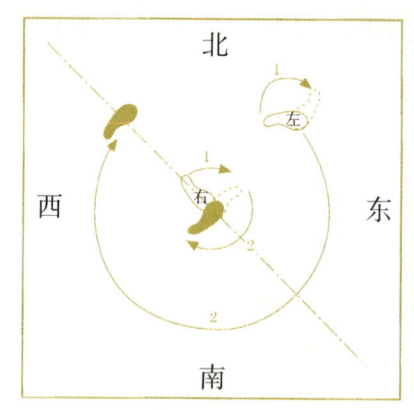

转身摆莲运足图

用法：

我做跨虎势时，设对方双手进我正中，我两掌圆转，托封对方来势，以截合劲推击对方。

又设对方自身后打来于万急时，我即旋转两臂连封带打，左脚用旋风势向对方下部扫去，则对方不攻自破。

再设对方自右打来，我两掌顺捋採对方手臂，急起右脚踢向对方肋间。

歌诀：

　　　　　　前封后打进腿攻，势如旋风平地生。
　　　　　　採擓敌臂黏缠劲，连环横扫锉敌锋。

第八十一式　弯弓射虎

动作：

（1）随前势两臂平摆于身左侧（西北斜方），使左掌心朝下，右臂外旋使掌心朝上，两掌与腰平；同时左腿渐蹲，右脚先下落虚悬，再向东南方迈出，先以脚跟轻着地，腰随之微右转。眼神顾及两掌移动。（图420）

（2）腰渐渐右转，右脚渐渐全部落地，重心稍移于右腿；同时，两掌自左向右经腹前弧形转动，左掌掌心朝下，停于腹前，右掌停于右胯前，掌心朝内上，两掌在一个平面，两臂呈弧形。眼神顾及两掌移动。（图421）

（3）重心继续前移，蹬左腿，弓右腿，成右弓步。随弓步，腰先向右转，再向左转。随转腰，两掌继续向右上绕转，边绕边渐握成拳。两拳先屈肘向右上挑起，再同时向左斜方东北角打出，右拳随绕随打随着臂内旋使拳心翻朝外，置于右额前，臂呈弧形；左臂先稍外旋上绕，拳经胸前向左斜方击出，随击随绕随着臂稍内旋使拳心朝右，拳眼朝上，高与胸平，臂直中有屈。眼神先顾及两手向右上绕，当身体左转，眼神领先左拳出击方向前视。（图422）

图420 　　　　图421 　　　　图422

要领：

（1）"弯弓射虎"接前势时，动作要连贯，不可有停顿现象。

（2）当两掌向左侧平移时，注意气落胯松，颈领背弛。向右圆转时，裆劲下沉。两臂在腰的带动下也要向前、向右移转，不可形成先落步转腰再移动双臂，这样就不能使动作和劲力协调一致。当两拳向左斜方出击时，要求拳到腿到，一到俱到，不可出现腿先弓到了，腰还在扭，手还在动。成势时，要防止肘抬、肩耸、身扑。

（3）"转身摆莲"与"弯弓射虎"势要注意拳打四方。

（4）此势以提劲为主，黏、挑、放、打兼而有之。其效用为拔敌之根，放敌以锉。

用法：

设对方用右手打来，我随用右手黏住其腕，同时左掌拂其右肘，用提劲往高处黏提，将对方足根领散，然后用按放劲向斜方打击。

歌诀：

敌进双拳打我胸，右提左拂似挽弓。
紧贴敌臂回劲放，当头炮加左拳冲。

第八十二式　进步搬拦捶

动作：

（1）重心渐渐移于左腿，腰渐渐左转。同时，左拳变掌，随体向左后擸，随擸随着臂外旋使掌心翻朝上；右拳同时向前出击，随击随着臂外旋使拳心朝下，高与胸齐。眼神稍顾及左拳变掌收回，即随右拳出击前视。（图423）

（2）重心渐渐全部移于左腿，右脚提回。同时，左掌向左、向上画弧，并随着臂内旋使掌心翻朝右下方，高与肩齐；右拳自前向下经腹前左绕，拳心转朝下，两臂呈弧形。眼神稍顾及右拳下移，即渐渐转向

前平视。（图424、图425）

动作（3）~（6）与第十二式"进步搬拦捶"动作（3）~（6）相同。（图426~图429）

要领及其他与第十二式"进步搬拦捶"相同。

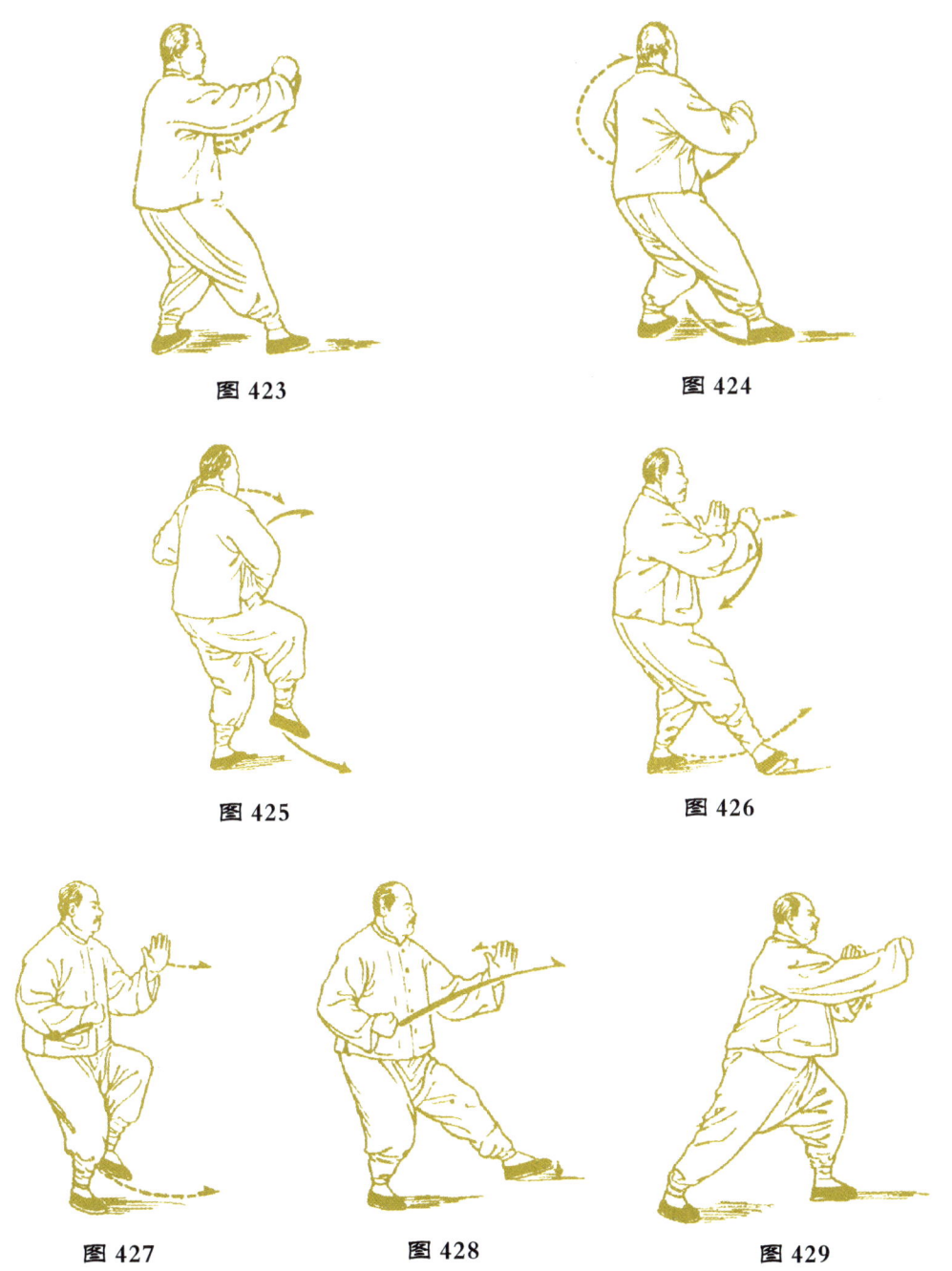

图423

图424

图425

图426

图427

图428

图429

第八十三式　如封似闭

与第十三式"如封似闭"相同。（图 430 ~ 图 433）

图 430

图 431

图 432

图 433

第八十四式　十字手

与第十四式"十字手"相同。（图 434～图 436）

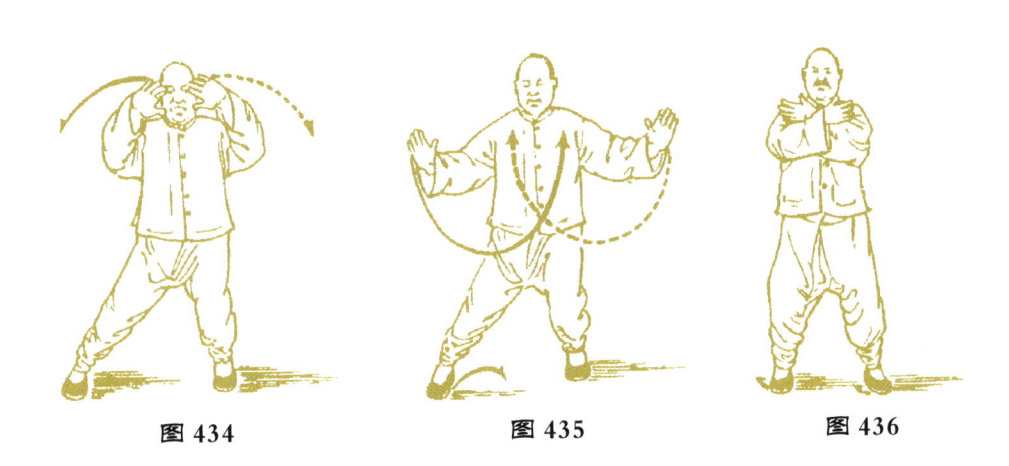

图 434　　　　　图 435　　　　　图 436

第八十五式　收　势

动作：

两掌向前随伸随分开，两手同肩宽，同时两臂内旋使两掌心转朝下；随即两肘下沉，自然带动两掌徐徐下按至胯前，手指朝前，掌心朝下。最后，两臂与两手指自然下垂，眼向前平视。（图 437～图 439）

图 437　　　　　　图 438　　　　　　图 439

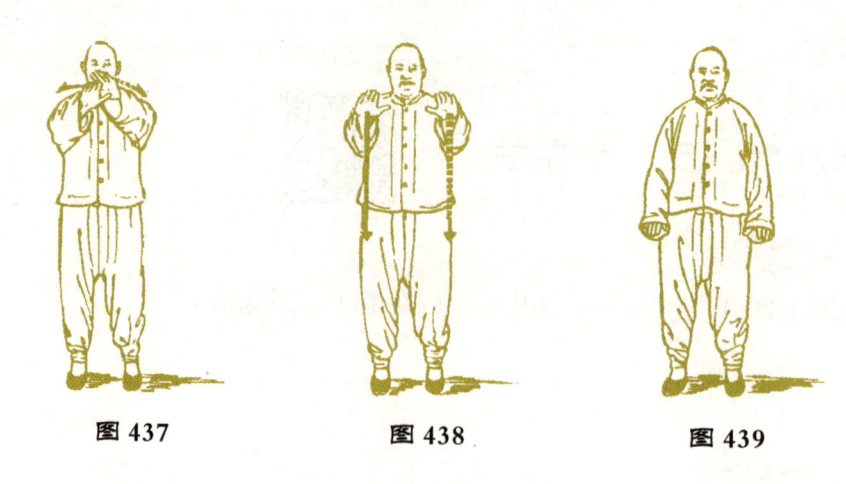

收势，也叫合太极，由动变静，徐徐收敛心意气息，最后，眼神也要自然收敛。要领参阅第二式"起势"。

歌诀：

太极无始亦无终，阴阳相济奇妙生。
走即黏来黏即走，攻变守来守变攻。
知己知彼无不胜，熟着熟劲见神明。
任他鼎力来势猛，引进入空智胜勇。

第三章
杨氏太极推手

经杨氏祖孙三代不断地演练、改革、创新，使得杨氏太极推手有着极其丰富的锻练内容。依着由简入繁、由浅入深的训练要求，杨氏太极推手可大体分为单式推手、定步推手、活步推手、四隅推手、散手对练五类。在每一类推手中，按其手法、步法的不同又分若干项单式训练。前一类推手的训练是后一类推手的基础，后一类推手又是前一类推手的提高，学推手须遵循这一循序渐进的练习原则。

本章就杨家传统的定步推手、活步推手、四隅推手三种推手方法向读者介绍。关于推手基本知识及要领，参看本书第四章《太极拳问答100条》中第五部分。

一、定步推手

定步推手属于四正推手，是两人彼此用拳架中揽雀尾势的掤、捋、挤、按四种手法，在原地进行的粘黏连随的推手方法。按其搭手和出步的不同，又分四种形式：互出左手左足为顺步左搭手势，互出左手右足为拗步左搭手势，互出右手右足为顺步右搭手势，互出右手左足为拗步右搭手势，在推手中应轮流进行练习。现以拗步搭手势为例，将定步推手动作介绍如下。

1. 预备势

甲乙两人对立，各出右足，互举左手相搭，手背相对，腕部相交，再各起右手抚于对方左肘，成为左手腕相交的双搭手。双方搭手时，要做到心静体舒，手臂松柔，但接触点掤劲不丢，意劲内贯，以己之静待彼之动。

2. 乙按，甲掤（乙为白衣，甲为黑衣）

乙屈右腿前弓，甲屈左腿后坐；同时乙两掌内旋向甲肘、腕部按去，甲左掌微外旋内收横臂掤承甲方按势。同时，甲顺势上体开始左转（图440）。

按：有向下按或前推之意。但太极拳之按，有由前往后一引一纵之意或一降一升之势。如仅直按，则易为人所察而受制。若能借腰腿之前伸，手臂蠕蠕按出，则人必觉累而受制。

图 440

掤：掤攦破按。掤为防守之法，推手如无掤劲，即为人所压瘪。对方按来，我不顶，但以掤劲边化边引，待机而攦。掤亦为进攻之法，未发之先应往后向下引劲诱之，使对方劲出而显焦点，复借其劲而掤发。掤劲带有向前、向上的方向，如欲使物掀起。

3. 甲攦，乙挤

甲顺乙方按势身体左转，并随着后坐，左腕随掤随化，使乙方按劲脱离己之重心，再借乙方之劲，双手向左后攦出，右臂边攦边外旋，左臂边攦边内旋（也可变采）；乙即将右手离开甲方左肘，移至自己左肘内侧，左臂随甲方攦劲而向左掤，暗含挤势（图441）。

攦：攦破按。攦为补己掤劲之不足，顺对方前进方向向己身后或两旁引攦，

图 441

使对方前扑而跌至己身后方。捋要轻柔黏随,须与对方动作合拍。走得快就容易"丢",走得慢就容易"顶",反为人所制。

4. 乙挤,甲按

乙顺甲方的捋势弓步,横左臂向甲方右臂、左手上贴进,右掌附于自己的左肘内侧,掌心朝前下,向甲胸部挤出;甲顺乙之挤势,腰部右转,两臂微内旋,潜变按势(图442)。

挤:挤破捋。挤为推手中主要动作之一,产生于对方捋势之后。挤不可过高或过低,有向前下之力,或以此力在前,而后随对方反力向前上挤出,效果更好。唯初学四正推手时,挤势不易做出,希留意体会。

图 442

5. 甲按,乙掤

甲顺乙方的挤势,腰部继续右转,身体转至正对乙方,同时两臂继续内旋,并以右手接住乙的右手,左手下沉落于乙方近肘部的右前臂处,两手同时微向下前按,并屈右腿前弓;乙由挤变掤用右臂掤承甲方的按势(图443)。

图 443

然后,乙上体右转,以左手由下部环绕而黏甲方右肘,边掤边化,继而右捋。甲再以左手附于自己右肘内侧前挤,乙即转为按势,甲又复以左臂掤接,如此掤、捋、挤、按,往复循环。在每势变化中,"化"字要存乎一心,否则不能相连。如前所述,甲被按即以掤化,掤即生捋,乙被捋即以挤化,甲被挤即以按化,如此随感随化,天长日久,习者自会懂劲。

如果上肢向相反转动,动作同前,唯左右相反。推手中,任何一方欲改变方向,在掤劲中稍示信号,对方即以触觉得知,遂反向转动。此称为"换手"。

四正推手中也含有採、挒、肘、靠。这在大捋中再做介绍。

四正推手除上述左、右搭手和顺步、拗步之分外，还有另一种顺、拗之分。如上例，甲乙各出右足而搭左手，乙按，甲左捋，则甲在动作中的掤捋挤按方向与拳架的揽雀尾完全一致，此为顺步顺手。乙却是出右足而右捋，与揽雀尾方向不一，此为拗步拗手。若改变转动方向，则乙顺甲拗。若同出左步，情况又不一样。故应以各种方式反复练习。

二、活步推手

活步推手，是两人用掤、捋、挤、按四种手法，配合着前进后退的步法进行的循环练习，步法分为合步与套步两种。

1. 合步步法

设甲乙两人都是左足在前做双搭手为开始，并设甲退乙进，甲右脚稍向前提即仍落回原地，乙同时左脚稍向后提回仍向前落于原地。接着甲退左脚，乙同时进右脚落于甲右脚内侧。甲再退右脚，乙同时进左脚落于甲左脚内侧。即甲退三步，乙进三步，但是第一步双方只是稍提一下脚又仍落原地（图444a甲）。然后转为乙退甲进（图444a乙的起点，即a甲中甲乙两人的最后落脚点），即甲提回左脚仍落原地转为进步，乙同时提起右脚仍落原地转为退步，接着甲进乙退各两步（图444a乙），然后再转为甲退乙进，如此一进一退地循环练习。

2. 套步步法

甲乙两人相距一步对立（图444b甲中的起点）。假设甲退乙进，乙左脚前迈，插于甲右脚内侧，同时甲左脚后退一步；接着乙前迈右脚落于甲左脚外侧，同时甲右脚后退一步；接着乙再迈左脚仍插于甲右脚内侧，同时甲左腿后退一步（图444b甲）。然后转为乙退甲进（图444b乙的起点，即图444b甲中甲乙两人的最后落脚点）。甲右脚提起，由乙左脚外侧套至内侧（转为进步）；乙同时向前稍提右脚向后仍落于原地（转为退步）；接着再甲进乙退各两步（图444b乙）。然后再转为甲退乙进，这样一进一退地循环练习。

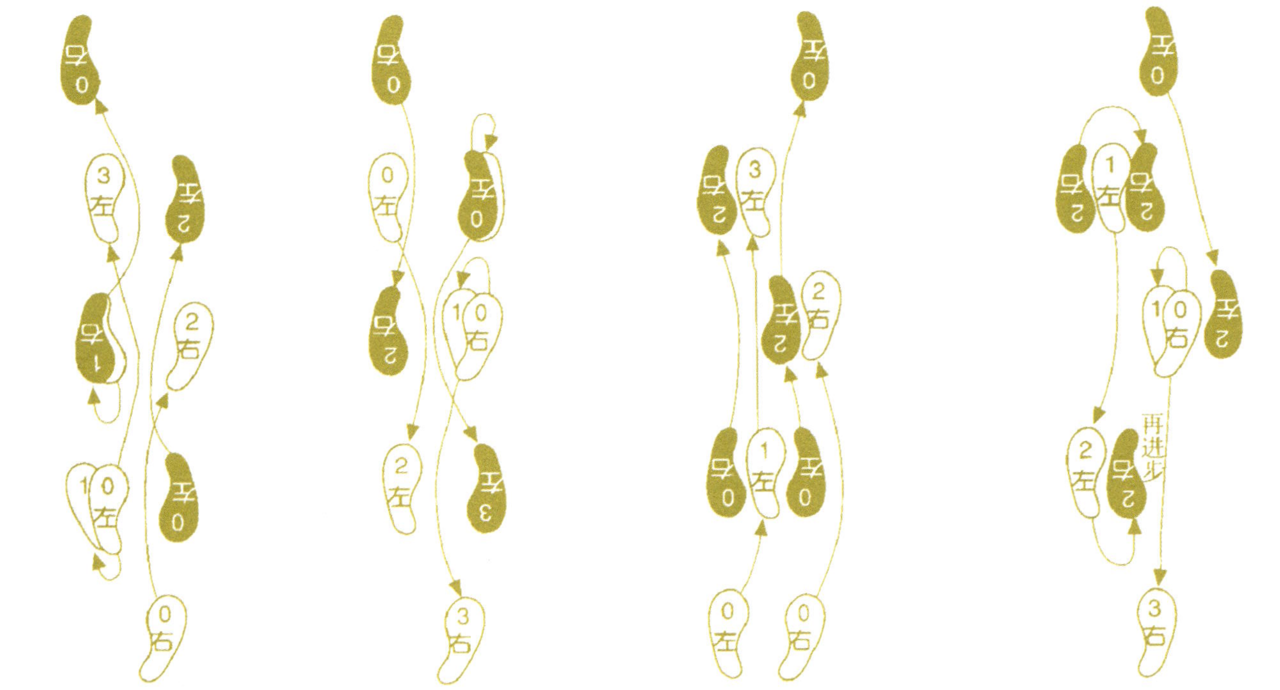

图 444 活步推手的步法

活步推手，无论是合步或套步，上肢仍用掤、捋、挤、按四种手法，但在开始动步时，退者必为掤，进者为按。然后退者随退随转为捋，当捋至尽处时，步子也恰退了三步；进者也随进随转为挤，挤足时也恰是进步进足时。然后，退者转为进步时，上肢也由捋转为按；进者转为退步时，上肢也由挤转为掤。如此配合步法进行练习。

活步推手的步法，无论前进后退，皆应按拳架要求，虚实分明，迈步似猫行。身体不可起伏，也不可前俯后仰。

三、大捋

大捋因有步法的配合，动作幅度较定步推手开展，且突出了"捋"和"靠"的作用，因此称为大捋，也称大捋大靠；因为大捋的步法是由四个正方向向四个斜角运动，所以又称四隅推手法；又因为在每个循环运动中，两人合计有四个捋和四个靠的动作，所以也叫四捋四靠推手。大捋步法方向示意如图445所示。

1. 预备势

甲乙两人南北对立，设甲面南、乙面北（甲为黑足印，乙为白足印），成小开立步；两人互举右手腕相交，成为右手双搭手势；互视对方面部。

2. 甲退捋，乙进靠

设乙双手按甲右前臂，甲以右前臂向后掤引，并将右脚向西北斜方退步，身体右转；同时甲翻右手手内旋采乙右腕（虚握），以左手前臂尺骨一侧黏乙右上臂近肘关节处向右后捋去。同时，乙顺甲采捋之势，左脚向左横跨一步，再迈右脚插于甲之裆间；同时乙左掌移于右肘内侧，以肩部向甲胸前靠去（步法参见图445a，姿势见图446，图中右边的人是杨澄甫，为乙方。图的正面为西）。

杨氏太极推手 第三章

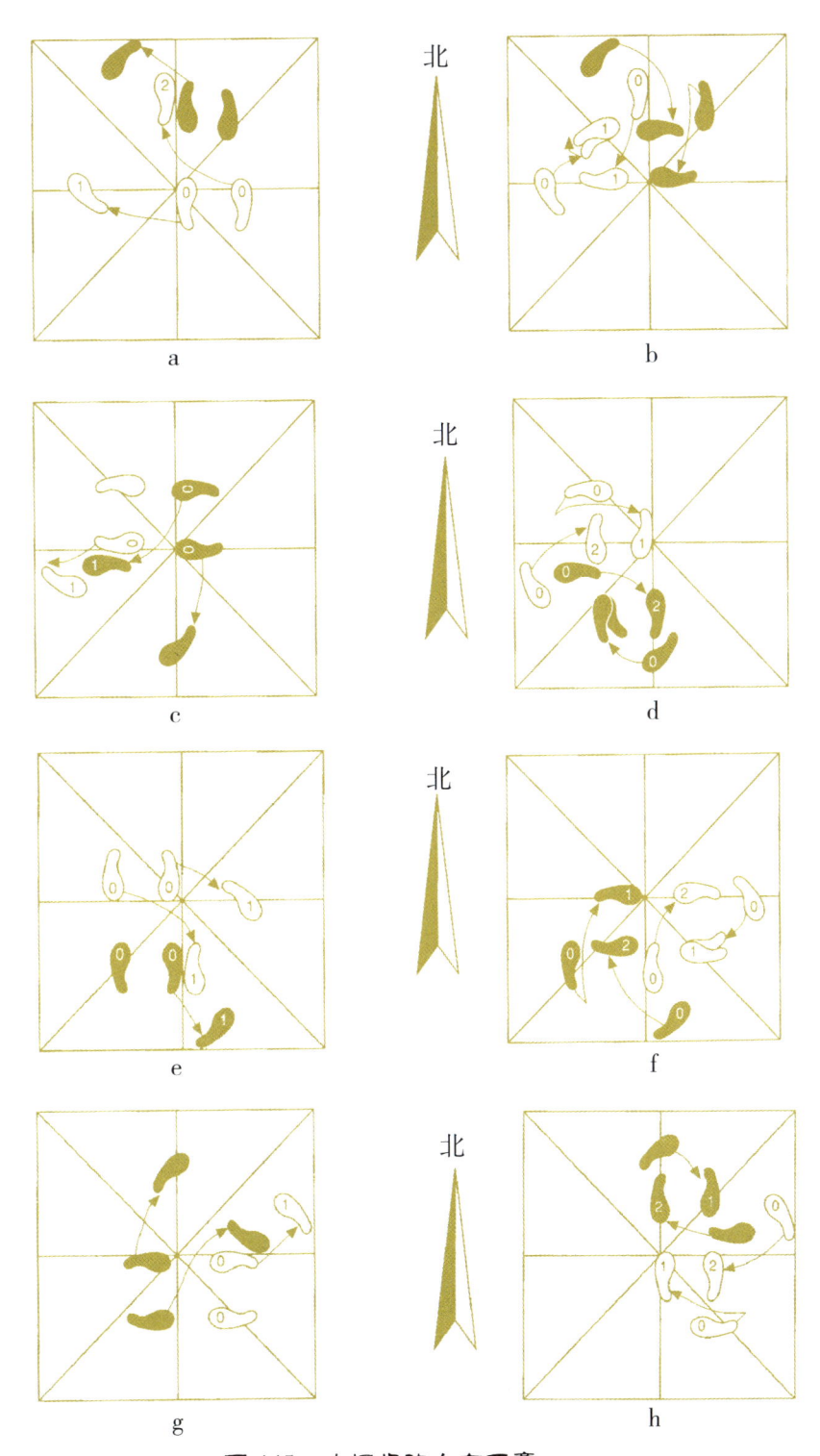

图 445 大捋步法方向示意

3. 甲闪，乙掤

甲左前臂随腰下沉，化开乙之靠劲，并以右手向乙面部一闪（图447，杨澄甫在左为甲。此图乙的姿势未靠足，步型应与图448中杨澄甫同。而甲右手闪来，乙右手并不脱离甲右腕，该图为技击分解说明，故无乙手之配合，乙之反应如下），乙随甲闪，右手腕即黏甲右腕自下向左上掤住，以解其闪掌，随势提左足向左前方跟上半步踏实，重心移于左腿。同时左掌移黏于甲右肘外侧。

图 446　　　　　　　　图 447

4. 收步双搭手

接前动，乙以左脚掌为轴向右转体，右脚随即提起收回，与左脚平行朝东。同时甲左脚先略内扣前移，体右转，再收右脚与左脚平行成小开步，面向西，与乙呈右手腕相交叉的双搭手式（参见图445b）。至此完成一捋一靠，走了一个斜角（西北）。

大捋的每一循环走四个斜角，走完了一个斜角，完成了第一次捋靠的动作。接着第二次捋靠是乙退甲进、乙捋甲靠。其动作同上述，唯甲与乙互易，乙之退步方向为西南（参见图445c）；然后，乙闪、甲掤，乙转为朝南，甲朝北（参见图445d）。第三次又是甲退乙进、甲捋乙靠，然后甲闪、乙掤，方向由南北再转向东西（参见图 445e、f）。第四次又换为乙退甲进、乙撮甲靠，最后仍复原为甲朝南、乙朝北（动作同第二次，参见图 445g、h）。

上述动作是右手腕相交叉的双搭手开始，所以无论甲或乙所走的撮和靠，都是右撮右靠。如果要走左撮左靠，可换成左手腕相交的双搭手开始，按前述动作左右相反即成（图 448、图 449），练习时可左右轮换。

图 448　　　　　　　　　　图 449

大撮的手法有採、挒、肘、靠四种，有的动作明显，有的动作暗含，只有在变化中才会运用出来。

採：採在撮中，撮中含採。边撮边握掌执对方手腕或肘，向自身的一边（或左或右）往下沉劲为採。採时需引对方劲出，使对方重心向前时而乘机使其更前扑。

挒：挒在採后，以手背侧击为"挒"。如图 449 所示，杨澄甫在右，为甲左撮、乙左靠，甲左手採乙左腕，同时以右前臂黏于乙左前臂左撮。若甲右手不动，即为"切截"；若甲撒开乙左肘，以右手大拇指一侧的手臂向乙领际斜击去，即为"挒"。另一种情况是，当甲左撮后，随乙方劲意右肘下沉，右带化开乙方靠劲作为挒。因此，挒的动作在练习时并不表现出来，只在意念或变化中有挒的动作。

肘：也是在意念中或在变化时有肘的动作。一种情况是，当甲左捋以右前臂切截乙左肘时，乙即将左肘折叠于甲之右上臂上侧，用肘尖向甲胸部顶去。另一种情况是，当乙方靠来，甲用右肘下沉化开乙的靠劲，作为肘的动作。在推手中，也可在分开对方手之时，一手执对方手，另一手用肘击其胸口。用肘法是不及换手时趁势用肘击人的方法，远了己势不能到，过近则势闭，肘击胸易致伤害，应极慎之。

靠：靠在大捋动作中是明显的，也是在对方捋己手臂时用肩去靠击对方的动作。它同肘法一样，也是不及换手时趁势用肩追击对方心窝。靠时应上步，肩平，向前往下用寸劲或分劲去靠，同时应注意防护自己的面部。

大捋虽说是採、挒、肘、靠四种方法，其实兼有掤、捋、挤、按的手法。这在定步推手中已说明，仅供初学推手者参考。

第四章
太极拳问答 100 条

一、太极拳基本知识

1. 太极拳属于何种拳系？

答：中华武术，分为武当、少林两大派系。武当派也称内家拳，其特点可概括为：

"圆"——动作走弧线，处处含圈；

"连"——势势衔接，连绵不断；

"慢"——练功以慢为本，呼吸自然；

"内"——内练精气神为主；

"柔"——以柔克刚，借力发人，四两拨千斤。

少林派亦称外家拳，其特点为：

"直"——动作走直线；

"断"——每势之间，劲断而不连；

"快"——练功以快为本，呼吸急促；

"外"——外练筋骨皮为主；

"刚"——主于搏人，以力取胜。

另有峨眉派者，佛道兼修，内外并重，自成体系。然而无论各家，艺臻上乘者，必以内外结合、刚柔相济为归宿。故有人否定内外分别之说，但就其总体特点而言，其区别显著，当宜划分矣。

太极拳与形意拳、八卦掌，被称为内家三拳。有人按步法分析，认为在太极图中，八卦掌走边，形意拳走径，太极拳处中。太极拳是内家拳中最主要的拳种，历史上把太极拳也称内家拳。

张三丰是太极拳的直接发明者或集大成者，至于内外各家诸多拳种，并非一人发明。

2. 太极拳的名称有何含义？

答：有云伏羲画卦，阐明阴阳，太极之理，已寓其中。太极拳之名，包含了中华民族久远高深的哲理。无极生太极，太极生两仪，两仪生四象，四象生八卦。混元一气，为之无极，乃天地本原、万物之基也。太极则含阴阳动静之机，包含了天地万物变化发展、对立统一的原则。故曰"太极者，无极而生，动静之机，阴阳之母也"。从太极拳艺上来看，预备势，排除杂念，抱元守一，动静自然，此为无极势。继而动静开合，虚实刚柔，皆能以太极变化之理而贯通。两仪四象八卦，皆由太极而生，太极是一切的原动力，两仪、四象、八卦的动，悉是太极的动。按照道家的天人合一论，"人身一小天地，天地一大人身"。宇宙是一太极，人身亦一太极。人身之腹为太极，腰为两仪，两手两足（指臂与腿）为四象。两手两足各有两节为八卦。宇宙之原动力在于太极，人身之原动力亦在于太极。所以太极之动作，不是手足之动作，亦不是腰之动作，是腹之动作。腹为全身最中心处，此处一动，全身无不动矣。太极拳所以名为太极，即处处是太极的动作，处处是以腰腹为中心的动作。

关于用中国古典哲学对太极拳的解释，有各种不同说法。我们应该取其精华，并把它进一步科学化。

3. 太极拳的名称从何时出现？

答：太极拳之名由何时而始，诸说不一。有云张三丰所命，有云王宗岳所为。据历史记载及传说，太极拳、内家拳、武当拳、十三势，以及黏绵拳、软拳、先天拳、后天法、三世七等，先后出现，时此时彼，有时被视为同一概念而并用，皆为流传时间、地点不同所致，难以考实。然而此拳名绝非近代才有，绝不可求全责备而轻易武断。

4. 太极拳为何又叫"十三势"？

答：十三者，合八五之数，乃八卦、五行之综合；十三势，不是十三个姿势，而是十三种方法，即所谓八法五步。太极拳有八法或八门。以掤捋挤按四者，喻八卦中之乾坤坎离四正方，以採挒肘靠四者，喻巽震兑艮四斜角，此为先天八卦，亦有按后天八卦对应者。另有前进、后退、左顾、右盼、中定"五步"，喻金木水火土"五行"。八方五步图如图450所示。

还有以蛇、鹊、熊、狮、猿、虎、鹤、马、鸡、猫、凤、龙、蟾十三种动物的形象，分别命名十三种姿势动作，也称太极十三丹。有人认为它是太极拳的原始形式，也是十三势的名称来源。

此外，太极剑也称十三剑，太极刀也称十三刀，太极枪也称十三枪，均有剑法、刀法、枪法的十三字诀。太极刀还以十三句话贯彻套路始终，太极黏枪也是十三个动作。但这些并非十三势的基本含义，不必拘泥于十三而硬凑八五之数。

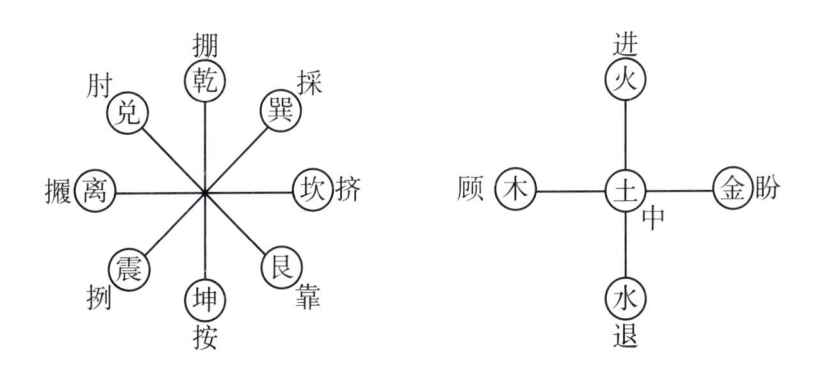

图450　八方五步图

5. 太极拳为何又叫长拳？

答：拳论有"长拳者，如长江大河，滔滔不绝也"。太极拳各势相连，绵绵不断，柔如行云流水，无断续凸凹处，故亦称长拳。杨澄甫先师常用"浩浩乎如冯虚御风，而不知其所止，飘飘乎如遗世独立，羽化而登仙"，来形容太极拳，且以此喻长拳之说。此外，尚有一种较快的套路，动作与太极拳各势基本相同，只是编排顺序不同，更接近实用，称为太极长拳，这是另一种意义上的长拳。

6. 太极拳共有多少流派？

答：关于太极拳源流，详见本书第五章。自张三丰之后，太极拳有北派、南派之分。北派以王宗岳为代表，南派以张松溪为代表。过去曾认为南派已经失传，且有人否认南派太极。近年出现数种松溪派传人的分支，其名有称内家拳，亦有称太极拳。故而南北之说断无疑意。此外尚有道内和民间一些并非王宗岳、张松溪所传之太极拳种，可见太极拳的分支已相当复杂。

王宗岳之后，流传已久而独具风格者，现有八个流派。杨式——杨禄禅所创；吴式——吴鉴泉所创；武式——武禹襄创而郝为真传，故有人称郝式；孙式——孙禄堂所创；李式——李瑞东所创；赵堡架——赵堡镇所传，在西安有两支，其中一支亦称和式；陈式——陈家沟所传；国家套路——新中国成立后由国家体委创编各式。

有人武断陈家沟为太极之源，故将赵堡太极强加为陈式新架而长期排除于传统流派之外。陈式太极，实由王宗岳、蒋发所传太极拳与陈家沟世传炮捶演变而成。近年已有许多资料否定"陈王廷发明太极拳"之说。原国家体委组编的太极拳套路主要源于传统套路，又与传统套路有别，故应作为新的流派对待。

7. 杨氏太极拳是否也分为多种？

答：杨氏太极拳，是近代传播最早、流传最广的太极拳流派。但由于杨氏各代研习过程中的演变，加之学习者在理解和掌握程度上的差异，因而也流传着许多不尽相同的套路。一般地说，凡有杨氏正宗师承关系者，皆属杨氏太极拳，大同小异，不再分类。但有两种情况另当别论，一种是确已形成独特风格而为武术界公认的，便为另一流派。如由杨氏小架发展成的吴氏，继承杨氏和赵堡架而成的武氏，综合太极、八卦、形意而成的孙氏，继承杨氏和甘氏而成的李氏等。另一种是背离师传而擅自篡改甚至另立门户者，或以旁门邪道假借杨氏名义者，当不能予以承认。这种情况确实存在，习者应注意鉴别。

8. 何谓"正宗杨氏太极拳"？

答：广义地讲，凡是杨氏各代弟子所传，都是正宗杨氏太极拳。这里所谓正宗杨氏太极拳，是指杨氏第三代传人杨澄甫先师晚年定型的架子，它是经过多年实践，千锤百炼的结晶，本书对于先师定型的架子，决不敢擅自更改。一切以杨澄甫先师所传为唯一标准。

9. 杨氏太极拳包括哪些内容？

答：太极拳包括一个系列，有太极拳、太极长拳、太极推手、太极散手等。太极推手又包括单推手、双推手、定步推手、活步推手、大捋推手及烂踩花等。

器械方面，有太极剑、太极刀、太极杆。太极杆即太极大枪。各种器械也有其相应的单练套路和对练方法。

太极拳套路练习也叫盘架子，是基本功。推手是太极拳技法的运用，但又不同于散打。它是太极拳特有的一种不用护具，安全而有兴味的对练方式。若不互相发放，也是很好的健身方式。

10. 杨氏太极拳的特点是什么？

答：杨氏太极拳，具有内家拳及太极拳的共同特点，也有它的独特风格。其拳架舒展大方，结构严谨，身法中正，动作和顺，轻灵沉着兼而有之，因而得到广大群众的喜爱。为便于记忆，赵斌老师将太极拳特点归纳为以下八句：

> 太极特点，柔和缓慢，虚实分明，圆活连贯，
> 速度均匀，上下相随，精神贯注，呼吸自然。

11. 太极拳的功用若何？

答：太极拳作为一种武术，具有独特的威力和无穷的奥妙。其特点是以静制动，以柔克刚，引进落空，四两拨千斤。它能以最巧妙省力的手段获得最佳的技击效果。当然，巧妙省力的手段是以长期艰苦的锻炼和高深的功夫为基础的。

由于太极拳缓慢柔和的练法适应面广，尤其发现习拳之人"瘠者肥，赢者腴，病者健"。其振衰起弱、祛病延年之功，渐被人们认识，故而传播益广，以至遍及世界。跟随赵斌老师习拳治愈各种慢性病者，不胜枚举。典型的例子，如藏族女职工扎西，因癌症切去两叶右肺，在走投无路之时，抱着试试看的态度，练拳数月，症状由减轻而逐渐消失，病情痊愈。三年后开始设场授拳，1986年竟夺得全国首届太极拳比赛杨式银牌。

令人称奇的是，美国人也把太极拳作为宇航员肌肉和精神放松的最好调和剂。法国有个艺术团体，也把太极拳作为演员柔性锻炼的必修课。在我国，梅兰芳先生当年还向杨澄甫老师学过太极剑，以丰富其舞台艺术。

练太极拳，若能姿势正确、心静体松，长期坚持，自会有中正安舒、轻灵稳健、心旷神怡、欲罢不能之感。正如赵斌老师所描述的：

> 意趣环生味无穷，恰似杨柳摆春风。
> 练到柔和优美处，行云流水一般同。

12. 太极拳的基本锻炼要领若何？

答：太极拳的要领包括形与神两个方面，相互促进，只有形神兼备，方可事半功倍。赵斌老师将太极拳要领概括为静、松、正、慢、匀、稳六个字，各含四句说明。它既是简明的入门之径，又是无尽的深造之阶。习

者应不断体会和加深认识，提高拳艺。

静：虚灵顶劲，气沉丹田，精神内敛，呼吸自然。
松：全身放松，经络畅通，由松入柔，运柔成刚。
正：沉肩坠肘，含胸拔背，尾闾正中，松腰敛臀。
慢：以心行气，以气运身，缓如抽丝，迈步猫行。
匀：速度均匀，上下相随，圆活连贯，绵绵不断。
稳：以腰为轴，虚实分明，轻而不浮，稳而不僵。

另外，赵斌老师还长期运用下面的顺口溜来帮助学员记忆和掌握要领：

姿势正确意集中，进退转换虚实明。
动作协调体放松，前后连贯上下应。
速度均匀像抽丝，举止轻灵似猫行。
呼吸一任须自然，治疗保健太极功。

13. 太极拳是否也是一种气功？

答：然也，太极拳就是一种气功，属于动功之类。从原理上，太极拳基于道家理论，"以心行气，以气运身"。它强调"意气君来骨肉臣"，"气遍身躯不稍滞"，"先在心，后在身"，"意到气到，气到劲到"。从要领上，要求虚灵顶劲、气沉丹田、沉肩坠肘、含胸拔背等，与各种气功有共同性，从效果看更为气功上品。然而太极拳作为动功，还有易于掌握、不易出偏差及锻炼全面之优点。

14. 何为文武太极之说？

答：太极分文武，是指"文以养身""武以御敌"而言。练太极拳，能养身不能御敌者，文功也；能打人而不会养身者，武事也；既能养身也能御敌者，乃文武完全之太极也。这只是一种说法，实践中并不按此严格划分。

15. 什么是太极拳的"体"和"用"？

答：文功为体，武事为用；盘架子为体，推手为用。或曰精气神为体，筋骨皮为用；道为体，身为用。然而，体用之间又有密切关系。杨澄甫先师著《太极拳体用全书》，其体用所指，乃为前者。"用"就是用法。

16. 什么是太极拳的基本功？

答：一般来说，太极拳的套路就是基本功，盘架子就是练基本功。也有将某些姿势作为站桩功来练习，如马步桩，近似起势；川步桩，形似提手上势与手挥琵琶。有人教拳时，让弟子于某势之定势停顿几分钟再往下练，一方面体会要领，另一方面有站桩之效。但太极拳并不强调站桩，在正式演练时也不应停顿。

另外，用某些拳势单练发劲，或练习抖杆，是为技击而用的基本功。

17. 太极拳的盘架功夫有几层？

答：就单人盘架子而言，太极拳的意境或者功夫，约为三步。第一步曰轻灵，能做到静、松、正、慢、匀、稳六字，迈步如猫行，运劲如抽丝，即为初步功夫。第二步曰贯串，上下相随，内外相合，一动无不动，一静无不静，以心行气，以气运身，如行云流水，滔滔不绝，其中三昧，已可领受。第三步曰虚静，即至"得意忘形"之步，真正做到用意不用力，纯以神行，实中求虚，动中求静，动即是静，静即是动。此乃太极拳之最精微处。或以"体松、气固、神凝"描写此三步，意义相同，亦即所谓练精化气、练气化神、练神还虚三步。

18. 太极拳推手功夫如何体现？

答：欲知太极拳的技击作用，请看杨澄甫先师对于太极推手的论述："纯粹太极，其臂如棉裹铁，柔软沉重，推手之时，可以分辨。其拿人之时，手极轻而人不能过，其放人之时，如脱弹丸，迅速干脆，毫不受力。被跌出者，但觉一动，并不觉痛，已跌出丈余矣。其黏人之时，并不抓擒，轻轻黏住，即如胶而不能脱。使人双臂酸麻而不可耐。"反之，"欲以力擒制太极拳能手，则如捕风捉影，处处落空，又如水上踩葫芦，终不得力"。太极推手功夫，亦有招功、劲功、气功三步之说。招功者，懂得各势之功用，推手可以柔化自如，乃"招熟"阶段，入门功夫也；劲功者，即能以灵敏的听劲（皮肤感觉能力）随机应变，控制对方，柔中寓刚，具有发劲制人之威力，乃"懂劲"阶段，可谓登堂入室也；气功者，纯以神形，随心所欲，打不露形，挨着何处何处发。此乃"阶及神明"阶段，所谓炉火纯青，出神入化也。王宗岳拳论云："由招熟而渐至懂劲，由懂劲而阶及神明。"即此三段功夫之论述。

19. 对太极拳还有什么评价？

答：太极拳是"健康之花""长寿之阶""艺术之光""武术之诗""国家之宝""民族之傲"。

20. 为何杨氏太极拳的组织多冠以"永年"二字？

答：其一，杨氏太极拳的故乡在河北省永年县，不忘其根本；其二，太极拳可以永葆健康，益寿延年；其三，太极拳具有强大的生命力，发扬光大，永传不衰。

二、练拳须知

21. 太极拳应在何处练？

答：练拳应选择空气新鲜、空间旷达、环境幽雅之处为好，如水边、林间、公园庭堂等地。但应注意莫让太阳暴晒，尤须避免有风及有阴湿霉气之处。

22. 练拳为何应面南？

答：按中国古代天象理论，二十八宿之中，东方七宿，名曰苍龙；西方七宿，名曰白虎；南方七宿，名曰朱雀；北方七宿，名曰玄武。南为阳，北为阴，人面为阳，背为阴。人体与天象要合，故应面南练功。左青龙，右白虎，前朱雀，后玄武。按现代气功理论，面南练功与地球的磁力线方向一致，利于内气的顺行。当然在具体环境下，亦不必拘泥。近墙处，以背墙为佳；近水处，以面水为宜。

因此，拳书上的动作说明都以正面为南。

23. 练拳为何寅时好？

答：寅时，即早上三至五时。《史记律书》曰："寅，言万物始生螾（yǐn）然也。""螾，动之貌。天地万物，由萌而动"。寅亦"引"也，"引达于寅"。人体亦然。万物始动之时，体内生机亦起。此时疏通引达，正气必畅行而旺盛矣。且因此时空气至鲜，环境最幽，心绪易静，故练功效果最佳。

24. 练拳之前应注意什么？

答：过饥、过饱，不宜练拳；酒后不宜练拳。早起练拳，必须排清二便。憋尿练拳以利于气沉丹田的说法是错误的，不利于放松。服装要宽舒适体，寒暖得宜。但在热天仍要穿长袖长裤，不可裸胸练拳，亦不可穿皮鞋练拳。

25. 练拳之后应注意什么？

答：练拳后，不可随即安坐或静卧，亦不宜立即进食，须步行片刻，以调和气血。天凉时，应及时穿上外衣，勿受风吹，拳谚曰："避风如避箭，避淫如避乱。"练拳出汗后尤须避风，也不能立即洗凉水澡。

26. 练太极拳的速度应如何掌握？

答：杨氏太极拳的传统套路共85式，练一遍约20分钟为宜。动作之慢，犹如水中行走，自觉有阻力，这样有利于内劲的增长。过快则动作不易做到家，初学者易浮而不沉。速度越慢，活动量越大。过慢则有迟滞之虑。

27. 练拳是否一定要动作配合呼吸？

答：不是的。此事为许多人所误解。太极拳之呼吸，确有讲究。起吸落呼，蓄吸发呼，合吸开呼（有人以蓄为开，发为合，则称开吸合呼）。但要注意，有一种说法是，合吸开呼与空气的呼吸不是一个概念；另一种说法是，练拳纯熟时，吸呼自然配合动作，稍觉不适，即采取自然吸呼。还有人认为动作根本不可能配合呼吸。总而言之，无论内气也罢，呼吸空气也罢，均以"自然"二字为最高原则，不必有意去引导。拳论云："意不在气，在气则滞。"呼吸的极意是忘掉呼吸，决不可强求动作配合呼吸。练拳时，若要领正确，呼吸自能缓、匀、深、细，虽汗淋漓而呼吸不喘。这才是我们希望的，也可作为一个衡量标准。

若强求动作配合呼吸，必然造成"闭气"之病，影响放松，此乃练拳之大忌也。杨澄甫先师把"口腹不可闭气"和"四肢腰腿不可起强劲"，作为练架的两条关键要领。并说"此二句，学内家拳者，类能道之，但一举动，一转身，或踢腿摆腰，其气喘矣，其身摇矣，其病皆由闭气与起强劲也"。有的拳家，以为动作配合呼吸就是气功，并将杨氏套路的每动几吸几呼，此吸彼呼，皆于指明。而每一开合的间隙决非均匀，各人的肺活量又不同。如此做法，岂非画蛇添足，助长闭气，贻害学者焉？

28. 拳架高低应如何掌握？

答：杨氏太极有高、中、低架之分，按各人体质灵活掌握。练拳是为了增强内劲，不可使架子过低而造成肌肉过分紧张，影响放松。随着功力的增长，架子逐渐放低，一般练第一遍稍高，第二遍适当低些。总之以中正安适为原则，切忌忽高忽低。

29. 每次练拳时间多长为好？

答：杨氏太极练习有句谚语，"一遍不忘两遍熟，三遍四遍长功夫"，但也要具体分析。各人的时间和体质条件不同，时间少，每天一两遍，若长期坚持，必有效果。体弱者，过久难以支持，但若有时间，宁可架子稍高点，多练一会。最好不要中间停顿，以利于内气的连续运行。练拳最忌一曝十寒，"一日练，一日功，一日不练十日空"。

对于以武功为目的者，要求就不同了，最好每天连续练三小时，坚持三年，便能存住功夫。

30. 为什么要先求形似，再求神似？

答：太极重意不重形，此话不可曲解，必须先求形似，再求神似。开始若不求姿势正确，必难掌握太极要领，神似无从说起，然而形似不等于神似，有人练得很像，若不继而追求内功要领，仍然无异于广播体操。只有达到纯以神行的地步时，有形无形皆太极。这才是太极重意不重形的真正含义。换言之，练拳首先要"循规蹈矩"，明规矩而守规矩；艺臻上乘之时，即可脱规矩而合规矩。

31. 为什么要先求开展，后求紧凑？

答：初练时，弧形幅度较大为宜，有利于体会太极特点及动作要领，也利于增长功夫。渐久，幅度可略小，便接近于各势用法，但章程不变。由大圈渐成小圈，以至"直圈"，直圈乃"含圈"也。若先不求开展，某些要领可能体会不到。犹如写字，先练大楷，再练小楷，小楷中方可显出功力。

32. 练拳步骤应如何安排？

答：从内容上，先练拳架，后练推手，再练器械。但有一条，决不急于求成，草率从事，必须一势练正确再练下一势。学拳容易改拳难，先养成的坏毛病，以后相当难改，朝改夕忘。许多人参加一期学习班，学会拳架，就认为已经掌握太极拳了，实际上越练越差，用以授人，则以误传误，实堪忧惜。学完拳架，最好要及时不断地改正，并应与老师保持经常联系，逐渐深入。

33. 练拳最要紧的是什么？

答：入门引进须口授，功夫无息法自修。杨澄甫先师云，"虽然良师之指导，好友之切磋，固不可少，而最要紧者，是在逐日自身之锻炼"，"若能晨昏无间，寒暑不易，一经动念，即举摹练，无论老幼男女，及其成功则一也"。当然，亦如前述，要不断钻研要领，提高水平。

按照先师的教导，上海永年太极拳社的练拳宗旨是"勤、恒、礼、诚"；西安永年杨氏太极拳学会的练拳箴言是"恒、专、不骄"。所谓"专"，要专心致志，不断深入，勿贪多或这山望见那山高之意。

三、身法要领

34. 何谓"虚灵顶劲"？

答：练拳时，头容正直，不俯不仰，不左右歪斜。颏（下巴）微内收，犹如头上顶着一满碗水或者有绳子提着，亦称"顶头悬"或"百会（头顶穴位）朝天"。此势对全身的中正安舒有提挈作用，亦显示精神振作而稳健含蓄。

但注意，顶劲要自然，若有若无，不可硬往上顶。"用力则项僵，气血不能流通"。

35. 何谓"垂肩坠肘"？

答：或曰沉肩坠肘。肩为上肢首要环节，要松沉灵活，不可耸起，亦不可后张或前扣。耸肩则气不易下沉，动作不稳。肘要下垂，自然弯曲，不可僵直。肘悬则肩不能沉，肘僵则气不能通，上肢不柔。手臂下落时，必以两肘下沉带动两掌下按。

沉肩坠肘，亦不可用意过分，反致紧张。上臂不可紧靠身体，腋下要虚,"肘不贴肋",以保持灵活。

36. 何谓"含胸拔背"?

答:胸部要舒松自然,不要挺,也不要显然内收。有人"含胸",将两肩前裹,胸部缩回,这叫凹胸,会练成驼背的。简单地说,含胸就是不挺胸。无后仰之忌,利于气沉丹田。

拔背:背要舒展。拔背不是提背,更不是弓背。拔者,放松拔长也。脊椎骨在背部,乃上体之中枢。背松则气顺,体态中正,所谓"气贴于背""力由脊发"也。能含胸则自能拔背。

37. 何谓"气沉丹田"?

答:气者,内气也。丹田者,脐下三寸,乃小腹部。丹田为人体之重心,中气之枢纽。所谓"气沉丹田",即以丹田为中气运行之根基,无论何时,得保持重心的稳定。含胸拔背而勿使俯仰,沉肩坠肘而勿使飘浮,主宰于腰而勿使散乱,虚实分明而勿使僵滞,皆有气沉丹田之意。因此,"气沉丹田"不是也不必"意守丹田"。只要做到含胸拔背、沉肩坠肘,动作以腰为轴,虚实分明,自会有"气沉丹田"之效,更不必故意鼓肚或凹腹。

气非呼吸之气,故不以呼吸之进出而论气沉丹田。顾留馨说,一呼一吸,总是"气沉丹田"与"气不沉丹田"交替进行的,并认为"气宜鼓荡",说明了"气沉丹田"不是绝对的。按此说法,在呼气之时,丹田就没有"气"了,还谈什么"气遍身躯""中气贯足"!气在"鼓荡"之时就不沉丹田,那么,"气宜鼓荡"就是"气宜不沉丹田"了,岂非笑话。用气筒给轮胎打气,若筒内没有高压之气,管口哪来鼓出之气?在错误理论指导下,有人把意念放在腹部,憋气鼓肚,实则违犯了中正安舒、气沉丹田的原则。

38. 何谓"尾闾中正"?

答:尾闾,传说中海水所归之处。嵇康《养生论》有"或益之以畎浍,而泄之以尾闾"。太极拳讲的"尾闾",泛指脊椎而言,要求上体正直,不可歪斜，更忌扭曲。凡转身处，腰、胯、肩同时转动。

39. 何谓"敛臀"？

答：敛（liǎn），收拢也。臀部不可突出或左右摇摆，有人易犯撅屁股的毛病，或弯腰而突臀，或挺胸撅臀都不正确。要使臀部如正身坐凳一样，自然而然。当然，也勿使臀部故意前攻而上体后倾。

敛臀与尾闾中正是一致的，皆利于气沉丹田。

40. 腰的作用和要求若何？

答：腰为一身之主宰。拳论云："命意源头在腰隙""刻刻留心在腰间""气如车轮，腰如车轴"，有不得机势处，"其病必于腰腿求之"。故松腰为练拳之关键要领，能松腰才能气沉丹田，能松腰才能灵活稳健。太极拳的虚实变换，皆应由腰转动。只有以腰为轴，动作才能做到上下相随，也利于对内脏的自我按摩，增强生机。太极拳四肢的动作，实则是腰腹的动作，非如此，断不能达到轻灵沉着而锻炼全身之效。

41. 何谓撑裆、裹裆、吊裆？

答：拳诀云："顺项贯顶两膀松，束胁下气把裆撑。"裆即胯下二便门之间的会阴部位。气功学认为，会阴为大小周天运行必经之地，亦是易漏气之处。故有吊顶提肛之要领。裆宜圆而虚，撑裆，两胯撑开，不可夹住，裆自然能圆。裹裆，两膝内向里扣，犹骑马势。裹裆不是夹裆，与撑裆并不矛盾。吊裆，不是往下吊，而是往上提，如忍便状，勿使丹田之气外溢。

42. 对膝的要求若何？

答：膝要放松，自然柔和，以利于气血运行。抬腿伸足，皆以大腿肌肉带动小腿，膝关节自然随之转动，切不可着力于膝。太极拳本可治愈关节炎，若不得要领反使关节僵硬，气滞于膝，以至肿胀。有人讲提膝时要把力量集中于膝尖，乃火上泼油，害处极大。

拳势高低与膝关节的负担关系极大，应按体质适当调整。但无论架子高低，弓腿之膝部不可超过足尖，否则膝部过分紧张，亦失之灵活稳健。

43. 对足的要求若何？

答：足为一身之根，要平实踏地，稳固不摇。迈步时不可全脚掌同时起落。上步先落脚跟，退步先落脚尖，然后缓缓踏平。抬足一拳为宜，不可过高。前足方向要正，后足成45°~60°。尤须注意两足之左右距离要保持最少一拳宽，不能在前后一条线上，否则失之稳健。杨氏太极拳传统套路，除提手上势等个别动作外，身体后坐皆不抬前足尖。

44. 对眼、耳、口的要求若何？

答：眼法相当重要。眼寓神，不可怒目而视，亦不可朦胧似睡。闭眼练拳为图静，有失精神。眼随手转，以眼领手，但不是老盯着手。目光稍远些，兼顾上下左右，眼应平视，不可俯首看足。

耳有连通全身之穴位，且对练拳情绪有影响，宜静听身后左右，不要着意于刺激声音。

口宜微闭，齿宜轻合，舌轻抵上腭。但有清津分泌，千万勿吐，应随时咽下。

45. 对手和腕有何要求？

答：手掌不可硬直，亦不可弯曲，微成凹形即可，虎口不可太开，四指似离未离。若气不能下沉，手指有抖动现象，可暂将五指靠紧。腕宜松活，但切忌塌软，如起势时，不能垂手。其他动作也不能像舞蹈那样摇腕。要把掌根下沉，指节微翘，这样才能由腕将内劲贯至掌与手指，此所谓"坐腕舒指"。

46. 握拳和钩手怎么要求？

答：握拳以拇指压中食指。拇指与食指形成的圈叫拳眼。握拳不可太紧，也不可太虚。动作要注意拳眼方向的变化。

钩手也叫吊手，五指尖下垂撮拢，腕指关节要自然弯曲成弧形，指尖方向大约与前臂垂直。

47. 什么叫"一身备五弓"？

答："一身备五弓"，指的是身躯、两臂、两腿好像五张弓。身躯以腰为弓把，背部肌肉略呈弧形。但不是故意弓，只要做到含胸拔背、垂肩坠肘、松腰敛臀，就办到了。臂以肘为弓把，腿以膝为弓把。这就是说，四肢任何时候都不能笔直，以保持必要的弹性，并使内气畅通。这是内家拳和外家拳的重要区别之一。

48. 步法如何做到虚实分明？

答：体重移于左脚时，则左脚为实、右脚为虚，反之，则右实左虚。实不是僵，不能用力过分；虚不是空，应存有伸缩变化之余意。虚中有实，实中有虚。

49. 如何做到"迈步似猫行"？

答：若由左弓步变为右弓步时，先以腰胯左转，左脚尖外撇踏实，再以右脚跟离地，靠前脚掌的蹬力，将重心逐渐交给左腿，慢慢收回，左腿应以弯曲状态保持身体高度不变。待右腿前伸，脚跟落地后，再边转腰（向右），边靠左脚的蹬力将重心逐渐交给右腿，右脚尖同时落地踏实，成右弓步。此间身体高度也不能发生变化，不要用后腿猛蹬而靠惯性来迈步，也不要身体上下起伏。这样做，必然显得轻灵稳健，然而活动量并不小，因为相当一段时间是单腿弯曲支撑身体。即使练外家拳稍有功底者，开始亦觉腿劲不易适应。年长体弱者，架子可高些，单腿支撑的时间间隔可短一些，但仍应按以上要领进行，方可增强功效。

50. 何为"内三合，外三合"？

答：内三合，即心与意合、意与气合、气与劲合，是太极拳内功的重要组成部分。

外三合，即手与足合、肘与膝合、肩与胯合，此为身法之重要部分。所谓合者，大部分情况下，手足、肘膝、肩胯上下对应，近乎垂直，然而主要在于动作的协调配合，所谓上下相随，内外相合也。

四、内功要领

51. 什么是太极拳的内功要领？

答：气功讲究三调，调身、调息、调心，太极拳亦然。不过太极拳的"调息"是自然呼吸。练拳时不着意于呼吸，但久练必有调息之妙。太极拳的"调身"，正如上述各种身法要领，是在动态中调身，比一般气功要复杂。然而，能调身只可做到"形似"，要达到"神似"，进入高级境界，必须"调心"。这就是太极拳的内功要领。

太极拳的内功要领，概括地说，就是"以心行气，以气运身"，从而达到"聚气凝神，形神统一"的地步。就身而言，则是实现由松入柔、运柔成刚、刚柔相济的过程。

52. 什么是太极拳的"意"？

答：意，即意念，意识，是人脑的功能。太极拳之意，特别强调心静用意。心与意有何区别？心为意识的主体，意就是由这个主体发出的信息。心要静，即思想集中，排除杂念。用意，即以意识指导动作，意动形随。

那么，少林拳的动作或常人的其他动作，都是意识指导的，这又与太极拳有何不同呢？原来太极拳的用意，不是简单的有一个目的和命令，而是在动作的整个过程中都是由意识领着躯体进行的。比如举手，不光想着要举，而是从动作一开始就用意识领着手，似乎逐渐排开某种无形的阻力，或者逐渐让开某种无形的推力。即便举到位了，应转换方向了，这时意识仍应保持那种阻力或推力的存在，只不过改变方向了，随指挥手臂向新的方向移动，这叫"劲断意不断"，实际上劲也没有断。这种意识指导动作，显然不能靠肌肉的突然收缩来实现，所以强调"用意不用力"，而且动作要慢。

然而，用意不是着意，意识不能特别强，意在有无之间。练到高级阶段，又能将用意融于无意之中，所谓"心机入妙，终归于无心"，这要在练拳过程中细心体会。

53. 什么是太极拳的"气"？

答：气是中国古典哲学和医学中一个极为重要的概念。按气功学的解释，它包括得之父母的先天之气（原气）和得之水谷与呼吸的后天之气（宗气）。现代科学已重视对气的研究。太极拳强调"气沉丹田""气遍身躯""中气贯足"，正说明气是运行于人体，维持人的生命，祛病延年，提高人体机能的重要媒介。气顺则体舒，气滞则疾生。虽然对气的本质仍然缺乏深刻认识，但是通过练拳可以感到气的存在。例如，指尖麻、胀，腹内"咕咕"作响，皮肤如虫爬状等，最主要的感觉还是全身的充实圆满和动作的协调顺遂，久练会有气敛入骨之感。

但是，太极拳却不讲究运气，不需用意识导引内气的运行。"全身意在精神，不在气，在气则滞"。只要心静体松，动作用意不用力，则意到气到。所谓"以意领气"或"以心行气"，这又是太极拳不同于那种导引式气功的优越之处。

54. 为何强调"用意不用力"？

答：人身之有经络，犹地之有沟洫，沟洫不塞而水流，经络不闭而气通。若用拙力，浑身僵劲充满经络，则气血滞涩，转动不灵。若不用力而用意，意之所至，气即至焉，日日贯输，周流全身，无时中止，使遍体肌肉、神经得到充分营养，久久练习，则得真正之内劲。此所谓"以气运身"，而非"以力运身"，不用力而能长力。太极拳强调心静体松，同样为了经络畅通。

55. 如何做到全身放松？

答：放松，放松，放松，这是练拳时刻要注意的。然而放松不等于放软，不僵不涩为"松"，无气无意为"软"。松中有稳，松中有沉——沉着之沉，这才是真正的"柔"。练拳时，全身肌肉关节要放松、放开，凡用力处，不着意于肌肉的奋张，总以意、气指挥身体之稳定运动。勿使"拙力"留滞于筋骨血脉之间而束缚身体，才能变化轻灵，圆转自如。

56. 何谓太极拳的"内劲"？

答：内劲，乃蕴之于内，发之于气，主宰于腰，柔中寓刚之劲也。汉字的"劲"，由"巠""力"二字组成，"巠"，作水脉解，乃经络也，故太极拳之劲，应作经络之力来理解。

内劲不同于拙力。拙力为外劲，用力则显力，不用力则甚轻浮。拙力易断，最易为人所乘。内劲则富于弹性，如棉裹铁，分量极沉，又绵绵不断，变化灵活，人不知我，我独知人。这种内劲，亦可谓之太极劲。

纯刚无柔不是刚，而是硬；纯柔无刚不是柔，而是软，非柔软之软，乃瘫软也。主张"沉"不是否定柔，把松而沉的"柔"与浮而嫩的"软"加以区分是必要的。内劲的感觉是松沉而浑厚，傅钟文先生谈其体会时说："这种劲好像秋天的成片芦苇在湖中被大风吹得俯而复起，坚韧不折，柔而有弹性。又如海洋中的滚滚波涛，水质虽软而含有非常雄厚的力量。"运用之时，这种浑厚的劲加上轻灵之功，即可得心应手。

57. 怎样锻炼内劲？

答：首先，要按前述身法要领，做到姿势正确，锻炼的方法就是"由松入柔，运柔成刚，刚柔相济"。一定要全身放松，用意不用力，要贯彻始终。运柔成刚不是先要松柔、后不要松柔，或先不用力而后要用力。要时刻朝松柔上去努力，在放松、用意的原则下，柔劲、刚劲都逐渐增长。所谓"极柔软，然后极刚坚"。练习既久，内劲自会日益增长。

58. 什么叫换劲？

答：换劲，就是要把个人习惯上僵硬呆滞的"拙力"，转变成太极拳的柔中寓刚、刚柔相济的"内劲"，也包括把习惯上软而无弹性的动作，转变成松而沉、柔而浑厚的动作。这种换劲过程非常重要，要仔细体会要领，逐步实现，有时会有浑身酸疼、四肢无力的现象。此期过后，则身体活泼，精神旺盛，功效加速。若不注意换劲，虽能坚持，仍不能算是太极拳。

59. 何为"上下相随"？

答：上下相随，即拳论所云："其根在脚，发于腿，主宰于腰，形于手指，由脚而腿而腰，总须完整一气。"也就是整个身法、步法、眼法的有机配合，一动无有不动，一静无有不静。要保持整个躯体的动态平衡和动态稳定，这样才能做到全身性的协调锻炼。上下相随要特别注意"主宰于腰"和分清虚实，否则不能协调。

60. 何为"内外相合"？

答：即所谓"心与意合、意与气合、气与劲合"的"内三合"。手足开，心意与之俱开；手足合，心意与之俱合。内外能合，精神才能提得起，从而达到练神的目的。

61. 太极拳的动静关系若何？

答：从动作上，若以意识指导，则每动包含无数动与静的连续结合，在每一瞬间，都是前面姿势动作的完成（静），又是新的姿势动作的开始（动）。因而动即是静，静即是动，虽动犹静，这就是动中求静。用于推手，则是以静御动，凭借皮肤的感觉能力，随时改变动作的方向，这样才能舍己从人而借力发人。动中无静，则易被人利用。

从意境上讲，练至纯熟之时，神舒体净，有意归于无意，也就进入了虽动犹静的高级境界。如骑自行车，初学时不稳，总着意于手脚之动作；

纯熟之时，虽似无心而能随心所欲。

62. 何谓"无人若有人，有人若无人"？

答：练拳时，无有对手，意若有人与自己推手，动作有阻力，姿势有用法，这样有利于内劲的增长；亦可存万人观看之意，此为之"无人若有人"。

推手或表演之时，有对手，或有人围观，却意若无人，不乱章法，则易于成功，此乃"有人若无人"。

63. 太极拳三步练法歌诀若何？

答：以下三首歌诀，包括练太极拳三个阶段的意境，并形象比喻了练拳要领。由此体会揣摩，颇有益处。

> 如站水中至项深，身体正中气下沉。
> 四肢动作有阻力，姿势变换要慢匀。

此诀含虚灵顶劲、气沉丹田、尾闾中正、动作慢匀、迈步似猫行等要领，尤以在水中行走之阻力比喻，利于将意念贯穿于动作之每一瞬间，做到轻而不浮、柔而不软，松沉兼备而增长内劲，对初学者极为重要。

> 如在水中身悬空，长江大河浮游中。
> 腰如车轮精神涌，滔滔不断泅水行。

此诀含上下相随、内外相合、气宜鼓荡、神宜内敛、以腰为轴、圆活贯串等要领，乃为由练体阶段进入练气阶段，内劲由浑厚而更见轻灵之关键。此时身法已就，进展亦速。

> 身体如在水上行，如临深渊履薄冰。
> 精神合注神内敛，妙趣环生味无穷。

此乃虚静而神凝之境界。形与意，从有而归之于无。虽动犹静，轻灵至极，其乐无穷。

五、太极推手基本知识

Q64. 什么是太极推手？它与拳架有何关系？

答： 太极推手，是利用太极拳技法，依靠皮肤及体内的感觉能力，通过肢体接触中的灵活运转而相互制约的双人对练运动。它和不受限制的徒手短打（所谓"散打"）不同，不用护具，只要按规则进行，则无伤害危险，既可作为练习和比较攻防能力的竞赛活动，也可作为一种舒筋活血、壮腰强肾、却病延年的颇有兴味的健身方法，因而深受广大群众欢迎。

拳架是基本功，推手是运用。练架子是"知己"的功夫，练推手则是"知人"的功夫。拳架中包含有技法，可用于推手，推手则可体验拳架的意义，并检验走架的正确性。因此，推手和走架是相辅相成的。就健身而言，练架以肃穆为怀，推手则心情活泼有趣，二者具有异曲同工之效。

Q65. 太极推手包括哪些内容？

答： 太极推手，包括单手推挽（单手平圆推手、单手立圆推手）、定步双推手（平圆推手、立圆推手）、活步推手（合步推手及套步推手）、大捋推手及烂踩花等。

前几种推手，是以掤、捋、挤、按为主要手法，属正方向，亦称"四正推手"。大捋推手八法并用，且以捋和靠的动作为主，走斜方向，故亦称"四隅推手"或"四捋四靠"。

烂踩花是没有固定程序，双方随机配合的一种推手方法，亦称"乱环"，是要在各种推法纯熟之后才能配合好的。

目前，我国已经制定出推手竞赛的规则，按体重级别分组，并按相互推出的效果得分，全国及各省市也进行过多次比赛。推手的练习方法，也被创造出许多种。

推手的步法、手法程序并不复杂，易于掌握，然而要推得和谐，推出水平，却非易事。

66. 太极推手的特点是什么？

答：推手虽不是散打，但毕竟是双人对抗性运动，而且是太极拳的双人对抗运动，所以必须体现太极拳的技击特点，现归纳如下：

（1）以柔克刚：练太极拳，由松入柔，运柔成刚，刚柔相济。其内劲富于弹性，极为灵活。以此对人之刚硬，如棉裹铁，如海涛之颠簸巨轮，外柔而内刚，无往而不胜。

（2）以静御动：通过皮肤的敏锐感觉，心静体松，按对方的动作劲路而采取相应措施，也叫"舍己从人"。"彼不动，己不动，彼微动，己先动""动急则急应，动缓则缓随"。以静御动不是不要主动。虽是"后发制人"，却能"后发先至"，所谓"不占人先，不落人后"。纯熟之时，亦可"引"出敌劲而利用之，仍为以静御动。

（3）以小胜大：即所谓顺势借力，引进落空，四两拨千斤。欲达此要求，必须在变化之中造成有利于我之形势，才能利用对方之力，再加上我之力，巧妙取胜。

（4）以迂为直：动作走弧线，通过旋转、折叠而避实就虚，化患为利，争取主动。

要做到这些，必须进行长期锻炼，克服习惯势力的影响，按照太极推手所必须遵循的要领，逐渐达到运用自如的地步。下面所说的要领及劲路，都是体现太极推手特点所必须的。

67. 推手的要领是什么？

答：凡走架中的要领，如虚灵顶劲、含胸拔背、沉肩坠肘、松腰胯、分虚实、用意不用力、上下相随、内外相合、动中求静等，都是推手的基本要领，决无二致。此外，由于推手是双人对垒，所以还要遵循对练方面的原则。概括起来，就是要掌握掤、捋、挤、按这"四手"，遵循粘、黏、连、随这"四要"，避免顶、匾、丢、抗这"四病"，实现以小胜大、四两拨千斤之效。正如《打手歌》（过去推手也叫打手）所言：

　　　　掤掘挤按须认真，上下相随人难进。
　　　　任他巨力来打我，牵动四两拨千斤。
　　　　引进落空合即出，粘黏连随不丢顶。

68. 何为"八法""四手"？

答：推手八法，也就是十三势所谓的掤、掘、挤、按、採、挒、肘、靠八种基本技术。掤、掘、挤、按为"四正法"或"四正手"，是正方向。採、挒、肘、靠为"四隅法"或"四隅手"，是斜方向。

所谓"四手"，即指四正手或四隅手。由于八法以四正为主，故"四手"一般指四正手。

　　八法有诀云：掤在两臂，掘在掌中，挤在手背，
　　　　　　　　按在腰攻，採在十指，挒在两肱，
　　　　　　　　肘在屈使，靠在肩胸。

　　又云：掤要撑，掘要轻，挤要横，按要攻，
　　　　　採要实，挒要惊，肘要冲，靠要崩。

69. 何谓"掤劲"？

答：掤为八法之首，贯劲于八法之中，故有人说太极拳就是掤劲。任何时候都要"掤劲不丢"。就掤法而言，其法向外，驾御对方之按劲，使之不得按至与我胸腹贴近。然而掤不是硬顶，要保持柔韧而有弹性，既含御敌之功，又有引诱之意。手臂要圆满，腋下要虚，以保持灵活。彼退时，我亦可掤发，转守为攻。掤劲虽在两臂，仍应以腰为主宰。

70. 何谓"掘劲"？

答：掘者，收回之意。因对方伸臂袭来，我贴对方之肘与腕，不抗不採，顺其势而取之。此势为"引进落空，借力发人"之典型，乃舍己从人之妙用。"掤掘相通，先掤后掘，掤中有引。掘法必以腰腿配合，转腰之际，引进落空，不能使对方至我胸前，要侧身柔化，使其前仆跌至我侧后方。

71. 何为"挤劲"？

答：挤者，乃以肱部（前臂）挤人之身，或用后手掌根贴于前手脉门之处，合力挤出。挤破捋，对方捋我时，我觉其劲而变化为挤，使对方捋劲落空。挤劲勿使上身前仆，以免失去重心而为彼所乘。初练推手，往往缺乏挤劲，宜注意之。

72. 何谓"按劲"？

答：按者，以两手或一手按对方之腕肘向前或向下。按破挤，对方挤我时，我先以按而化其挤劲，然后向前，以腰力按出，实际为一圆圈，上身亦不可前仆。

73. 四正推手的四手变化若何？

答：设甲先按乙，乙掤劲化引，遂以捋式破甲之按。甲改势而挤乙，破乙之捋。乙则以按势破甲之挤。随后，乙再掤而捋之，甲再挤，乙又按。如此往复循环。

就双人而言，是甲按—乙掤而捋之—甲挤—乙按—甲掤而捋之—乙挤—甲按—乙掤而捋之……总是掤、捋、挤、按的顺序。就每个人而言，则是掤、捋、按、挤的顺序。详细程序参看有关文字，初学者一般应由人带着练习。习者应体会四种手法之应用，缺一不可，否则称为"四手不全"，尤以挤势易被初学者忽视。

74. 何谓採法？

答：採法即以手指执人手腕或肘节，属于拿法。如用捋劲时，着对方腕之手可用採法配合，将对方发出。採劲要实，但不能死板，要在动态中完成採拿和採发的动作，仍不失轻灵。

75. 何谓挒法？

答：挒法，乃以手背侧击对方之领际、肩窝之处，使其后仰跌出，常一手採，另一手挒。如野马分鬃、斜飞势，皆有挒势，而另一手含有採法。若採擺之时，对方抽手后扯，挒法正顺其扯势而奏效。

76. 何谓肘法？

答：肘法，即以肘尖屈臂击人胸肋部，在双方逼近时使用。屈臂约90°，不宜过度。肘法极易伤人，在推手中不可轻用。但在对方擺我时，除用挤法外，可有肘击的意识。

77. 何谓靠法？

答：靠法，乃以肩部靠人胸部，是在更近的距离攻击对方。其劲力也大于其他各法，应该慎用。此外，肘、靠的威力虽大，自身也有被掣肘、撅臂的危险，应注意防止。

78. 推手"四要"作何解释？

答：推手"四要"，乃粘、黏、连、随，这是练习推手最根本的原则。《粘黏连随解》说："粘者，提上拔高之谓也；黏者，留恋缱绻之谓也；连者，舍己无离之谓也；随者，彼走此应之谓也。"其核心是"黏"字，或可用黏字加以概括。总的解释为，与人推手时，必须与对方始终保持皮肤的接触不脱，依靠在接触中的感觉能力，将对方的劲路与自己的劲路连在一起，通过虚实变换，在动态中把握自己而控制对方。你进我退，你退我进，正是在这种"符合"对方的过程中，我能随时创造条件，寻找时机，避其锐气而攻其薄弱环节，从而达到以柔克刚、以小胜大的目的。

79. 何为"顶、匾、丢、抗"？

答：此乃推手"四病"或"四忌"。《顶匾丢抗解》曰："顶者，出头之谓也；匾者，不及之谓也；丢者，离开之谓也；抗者，太过之谓也。"这是一个问题的两个方面。彼来我让，彼去我随。若彼来我不让，或彼不去我强随，都会产生僵持现象，此谓"抗"。彼来得快而我让得慢，彼去得慢而我随得快，都会增加接触力，谓之"顶"。反之，若彼不进而我退，彼退而我不随，必致双方脱离接触，此谓之"丢"。若我与对方的接触，不带掤劲，消极退让，或松懈地跟随，好像皮球泄了气一样，就难应付对方的突然变化，此谓之"匾"，或曰"扁""瘪"。

顶与抗，失之过刚，僵而不柔，牵一发而动全身。丢与匾，失之过软，无法自控，亦不是柔，皆易为人所制。

80. 如何做到"四要"而避免"四病"？

答：这就应了前面所说的全身放松、动作要柔、以心行气、以腰为轴等要领。试想一个铁人放在地上，全身僵硬，小孩也能推倒，若是豆腐人，小孩子能压塌。但你想把一个浮在水面的小皮球用一个指头压入水中，却非易事，因为它极为灵活，你抓不住其重心。因此，必须按太极拳的要领，把意念贯穿到动作的每一瞬间，掤劲不丢，僵劲却无，就能随机应变。尤以腰腿要沉稳灵活，正如拳论所言："有不得机得势处，身便散乱，其病必于腰腿求之。" 初学者一般腰硬手软，或腰手皆硬，务从松柔入手，同时要防止塌软，以做到真正的柔。

81. 什么叫"听劲"？

答：听劲，不是用耳朵听，而是凭皮肤的感觉能力来判断对方的劲路。这是太极拳的术语，也是推手的关键。只有"听"准对方劲路的大小、方向、刚柔、虚实，才能决定自己的变化。谁的听劲灵，谁就能占主动。听劲也要贯穿在动作的每一瞬间，因为对方可能随动随变，我也得随时应付其变化。

听劲的关键，就是要做到粘黏连随，不丢不顶。丢了，无法听；犯顶，就听不准，故若不明粘黏，则不能听。

82. 何谓"化劲"？

答：化劲，即化掉对方的劲。或者破掉对方的招数。听到对方的劲路了，若任其摆布，当然不行，就要化解它。

化劲最基本的方法就是"走"，亦称引劲。如对方向我胸部按来，我不能只以走劲将对方正好让到我胸前，而是以转腰带动手臂，向对方来劲的侧方向加力，将对方手臂引到我的侧后面，才能真正使其来劲落空。所以，化和引始终是连在一起的。

对方挒我时，我不可硬往回拉，亦然随之，但我又横向逼近对方之胸腹部，使其挒劲落空而不顺，此为之引，我遂改挤势、靠势皆可。

化劲之目的，在于避实就虚，变被动为主动，造成我顺人背的结果，"顺"就是得机得势，占有主动；"背"，就是失势被困，不得劲，失去了进攻能力。

83. 何为"拿劲"？

答：拿，即控制对方的腕、肘、肩等关节处，以备我发劲。可用採，亦可不採。然而，拿劲必在化引的基础上，造成我顺人背之势的时候拿，拿时要轻稳而实在。

84. 何为"发劲"？

答：在造成"我顺人背"之势而拿住对方之时，即可发力，将对方抛出，此为之发劲。化引之时，一般为弧线，发则专注一方，沿弧形的切线方向发出。因为对方之力落空而势背，故无多大阻力，以我之力加于对方来力方向发出，必然威力无穷，使对方并无感觉而跌出。

发劲要全身完整一气，"劲起于脚，发于腿，主宰于腰"。

当然，发劲必在得机得势时进行，硬发则易被人利用。所以推手有听、化、拿、发这四步，化中有引，或曰：化、引、拿、发。友谊推手，一般不发，点到为止。

85. 什么叫"懂劲"？

答：懂劲，就是能够掌握和运用各种劲力，达到屈伸开合、变化自如，虚实动静、惟妙惟肖。所以懂劲不是一种劲，而是指对于太极劲的理解和运用，要通过实践而逐步深入，故"由招熟而渐至懂劲"。懂劲就是明规矩，按规矩练，就能不断深入。所谓"懂劲后，越练越精。默识揣摩，渐至从心所欲"。

懂劲的基础，就是阴阳生克、五行变化之理。你刚我柔，你软我刚，你实我虚，你虚我实，"阳不离阴，阴不离阳，阴阳相济，方为懂劲"。实践虽变化万端，总此阴阳一理。

86. 何谓"双重"？

答：双重是太极推手之大忌。《太极拳论》云："偏沉则随，双重则滞。每见数年纯功，不能运化者，率皆自为人制，双重之病未悟耳！"何为双重？通俗地讲，就是以重对重，表现为强顶硬抗，生拉硬扯。比如骑自行车，双脚同时往下蹬，车轮子不会转动。犯了双重，就不是太极拳，只能是有力打无力、手慢让手快的外家拳了。拳论云："左实则右虚，右重则左轻。"你左边用力，我右边变虚，你右边力重，我左边很轻，使你有力无处使，摸不着我的重心。与此同时，我左虚而右实，或右虚而左实，便可顺人之势，以弱胜强，我之实处，即为"偏沉"，自然顺随。"偏沉"与"单轻"或"单重"，都是一个问题的不同说法，故曰："滞在双重，通在单轻。"

拳架动作，宜分虚实。虚实不分，亦为双重，自身便不灵活。但如起势、十字手，以及在虚实变换之间过渡阶段，未失灵活，则不为双重。

87. 推手为何要注意一个"中"字？

答：中，即中心或重心，推手过程始终要保持自己重心的稳定而寻找和改变对方的重心，使其重心不稳而为我所制，也就是要注意我的"中"和彼之"中"。但是双方重心的方向都是不断变化的，除了体重之外，还有力的作用，比如秤砣外移，秤的重心也外移。推手时，要让对方之力避开我的重心。我身若不僵，对方加力，就如撞在一个虚掩着的门板上，门绕门轴被推开，却闪倒对方，用力越大，摔得越重。若对方朝门轴（我之重心）撞来，或不在门轴而门板是关着的（身体僵而不柔），我则有被撞倒的危险，所以要靠"柔化斜闪"来避开重心。当然，我击对方，就要找他的重心，不能和他硬顶。他向前用力，我向后用力或向侧面用力，就易牵动对方重心。

另外，在对方双脚形成的一条线的方向上，稳定性较大。我若朝这条线的侧面加力，就易牵动其重心，这叫"得横"。太极"吃横"不"吃空"。"不吃空"，就要摸清对方来劲时，再借力发人。若摸不清而盲目发劲（吃空），就易被人利用，此所谓"遇虚当守，得实即发"，不可蛮干。

88. 太极推手必须等待对方用力吗？

答：推手强调借力发人、后发先至，并不是消极等待。纯熟之时，可用假动作诱骗对方用力，这也是"引劲"，所谓"黏之即来，挥之即去"。与高手推手，他不发你，你只是觉得动也不是、静也不是，不用力也不是、用力也不是，总不能稳住重心，皆由于对方巧妙的引动所致。然而，即使对方轻轻一抖，或不见其形而发，实则经过引化拿发的全过程，只是圈极小、劲极短而已。故有"寸劲""分劲"之说。初学者必由大圈，由开展，练熟各种技巧，再求小圈，求紧凑。切不可急于求成，纯以蛮力行事。

89. 推手应如何注意保护自己？

答：首先要练好基本功，掌握要领，提高水平。不要使蛮力，但是万一失稳，应立即跳出圈子，站稳另来。若站不稳而摔倒，千万不可用手臂撑地，这样容易骨折，此为人的习惯，应着意纠正。摔倒时，应注意勾头、收腹、屈膝，以便在滚动中触地。前扑时要侧身滚地。若背后有挡身墙，也要收腹勾头，用臀部先触墙，以免碰头。

90. 推手应遵守哪些道德规范？

答：要坚持友谊第一的原则。与生人、老年人、弱者推手，不能发人。"行家一搭手，便知有没有"。摸一摸劲，你觉得比他强，点到为止。与同伴推手，为了练功，相约互发，但也不能用毒招而伤人，更不能吃空打人。水平越高，道德要越高尚。千万不能有点功夫就到处逞能，甚至打架斗殴。须知人上有人，天外有天。

六、保健漫谈

91. 练太极拳为什么能祛病延年？

答：祖国医学认为，人体的气血不畅就要生病。太极拳的动作柔和缓慢，节节贯串，以意领气，以气运身，可以促进体内经络疏通，气血流畅，利于新陈代谢和提高各器官与系统的机能，从而增强对外界环境的适应能力和抵抗疾病能力。太极拳的呼吸均匀深长，利于吐故纳新，且使横膈肌随之上下运动，加之腰身转换，对内脏起到很好的按摩作用。特别是练拳要求肌肉关节放松，思想宁静，能够使大脑皮质得到很好休息，消除紧张状态。所有这些，都能起到治病、推迟衰老之效。正如拳论所云："详推用意终何在，益寿延年不老春。"

92. 太极拳可以治愈什么病？

答：国内外长期实践的大量事实证明，太极拳对各种慢性病都有显著疗效。如高血压、低血压、冠心病、神经衰弱、胃下垂、胃溃疡、十二指肠溃疡，以及关节炎、肺结核乃至癌症患者，都有练拳取得奇效的典型事例。这说明太极拳是一种全身性疗疾保健运动，是治本又治标的良好方法。太极拳的动作缓慢柔和，架子可高可低，因而无论男女老幼都可练习。根据各人具体情况，适当掌握活动量，长期坚持，必有效果。

93. 健身的秘诀是什么？

答：赵斌老师耄耋之年，仍然满面红光，精神焕发。他的健身秘诀仅有四句话："心情舒畅，生活合理，坚持锻炼，百病不起。"

清朝乾隆皇帝寿命最长，其长寿秘诀是："吐纳肺腑，活动筋骨，十常四勿，适时进补。""十常"曰："齿常叩，津常咽，耳常弹，鼻常揉，睛常运，面常搓，足常摩，腹常施，肢常伸，肛常提。""四勿"曰："食勿饱，卧勿语，饮勿醉，色勿迷。"近代另一长寿口诀云："起得早，睡得好，七分饱，常跑跑，多笑笑，莫烦恼，天天忙，永不老。"

94. 练拳应如何注意饮食？

答：饮食须斟酌。平时不可过饱。练拳之前不可空腹，宜少量进餐，否则有头晕、心慌现象。总之以适时进补而利消化为佳。

饮食是否以素食为好？练拳之人，倒不强调。人体所需多种营养，荤素皆宜，毋须挑剔。然而肉类不易消化，不可多食。茶宜常饮，而烟酒最好戒除。

95. 练拳应如何注意休息？

答：初练时，易于疲劳，应保证休息，练拳时，不宜过累，亦不应怕累。以武功为目的者，应练至筋疲力尽之时方止。但毕竟不能以练拳代替睡眠。早起练拳，中午最好休息一会。久练之后，自然精神饱满，睡眠时间少而质量高，有所谓"气足不思食，神足不思眠，精足不思淫"之说。

96. 平时行为可否应用太极拳要领？

答：学会了太极拳要领，用于平时行为，亦可锦上添花，收效倍增，如行走坐卧，皆应注意放松。任何动作，总有阴阳虚实之分，不可使全身肌肉紧张。如在案前工作，不可俯体，仍宜垂肩坠肘，尾闾中正，以免压迫内脏，影响呼吸。步行亦不可俯仰。工作稍觉疲劳，若能闭眼放松而保持练拳时之虚静状态，则可片刻消除疲劳，太极拳以意领气，以气运身，亦可用于其他各项。练书法也强调"意在笔先"。即使体力劳动，以意与气领先，精神在前，筋骨可能发挥更大威力。尤其若能养成腹式深呼吸之习惯，其健身之利与工作之效更见卓著。

97. 太极拳可否用于陶冶性情？

答：若明拳理，亦用于心理，太极拳自能陶冶性情。太极拳不尚拙力，我何不去除心理上的急躁蛮横！太极拳能够以柔克刚，我何不以谦诚待人，以柔忍不拔为强！练拳与推手，必求立身中正，稳健安舒，我做人何必邪门歪道而自寻祸患！故以健身之理，亦可健心，心身俱顺，性命双修。

98. 怎样的心情才利于身体健康？

答：不言而喻，长寿之花，应该属于乐天派，要养成幽默、风趣、愉快、乐观的习惯。人生不可无事、无志，故须奋斗。奋斗之曲折成败，还由客观形势及规律而定，故应泰然处之。至于名利之类，更须顺其自然，与世无争。"夫惟不争，故天下莫能与之争。""海纳百川，有容乃大；壁立千仞，无欲则刚。"太极拳源于道家理论，道家的人生哲学，对于健康也有相当的指导意义。赵斌老师性情开朗，心胸开阔，安贫乐道，待人和善，言谈中喜欢放声大笑，且常对拳友们唱《二郎山》《黄埔校歌》等。他把自己的住所命为"知足庐"，现将其《知足庐诗》写出，以供拳友们了解长寿者的情怀。

    知足庐中景最幽，心有太极复何求？
    几块坐石胜沙发，一棵洋桃粉红头。
    得意高歌迎宾客，忘怀得失总悠悠。
    富贵不淫贫贱乐，湖边授拳写春秋。

99. 太极拳能否与其他气功同练？

答：不同种类的太极气功可以兼练，有助于太极拳功夫的增长，增加健身效果。其他气功，宜练松静柔软之类，练太极拳不宜同时练硬气功，也不要代之以"气功太极拳"之类的新花样。赵斌老师常练的《仙家八段锦》，与太极拳同出一辙而功效并著。

100. 人生寿命知多少？

答：人的正常寿命，推算方法很多，最高寿命应该是150～175岁，然而历史记载超过200岁者，也有数人。我国百岁的老人有数千人。目前，全世界男性或女性平均寿命超过70岁的只有十多个国家。因此，人类寿命的潜力仍然很大。遗传因素对人的寿命虽有影响，然而后天的锻炼和保健是重要因素。道家所谓"我命在我不在天"的积极进取精神，是中国传统文化的重要支柱。太极拳就是中华民族长期积累的延年益寿的瑰宝，它完全可以改变人体生命的"常规"，打破生理学和医学方面的界限，把人的寿命推向更高水平。

第五章
太极拳经典拳论

一、太极拳经

武当张三丰 著　山右王宗岳 解

由张三丰祖师所著，王宗岳先师精解的太极拳经，因长期传抄而身首分离，谬误百出。对其作者亦产生莫大混乱与篡改。经笔者认真考证，还其原貌。虽不尽善，乃求本追根之始也。六首歌诀为"经"，歌诀释文为"论"。经无论则不明，论无经则不通。经论对应，始成一体。本篇以乾隆抄本为主要依据，参阅诸本。限于篇幅，校勘说明从略。

——辛未孟春　路迪民、赵幼斌附记

歌诀一

顺项贯顶两膀松	虚灵顶劲，气沉丹田。两膀松，然后室。
束肋下气把裆撑	提顶吊裆，心中力量。
威音开劲两捶争	开合按势怀中抱，七星势视如车轮，柔而不刚。彼不动，己不动，彼微动，而己意先动。
五指抓地上弯弓	由脚而腿，由腿而身，如练一气。如转鹊之鸟，如猫擒鼠。发劲如弓发矢，正其四体。步履要轻随，步步要滑齐。

歌诀二

举步轻灵神内敛	一举动,周身俱要轻灵,尤须贯串。气宜鼓荡,神宜内敛。
莫教断续一气研	无使有凸凹处,无使有断续处。其根在脚,发于腿,主宰于腰,形于手指。由脚而腿而腰,总须完整一气。向前退后,乃得机得势。有不得机得势处,身便散乱。其病必于腰腿求之。
左宜右有虚实处	虚实宜分清楚。一处自有一处虚实,处处总此一虚实。周身节节贯串,无令丝毫间断耳。
意上寓下后天还	上下前后左右皆然。凡此皆是意,不在外面。有上即有下,有前即有后,有左即有右。如意要向上,即寓下意。譬如将植物揪起而加以挫之之力。斯其根自断,损坏之速乃无疑。

歌诀三

拿住丹田练内功	拿住丹田之气,练住元形,能打哼哈二气。
哼哈二气妙无穷	气贴背后,敛入脊骨。静动全身,意在蓄神,不在聚气,在气则滞。内三合,外三合。
动分静合屈伸就	太极者,无极而生,阴阳之母也。动之则分,静之则合。无过不及,随屈就伸。
缓应急随理贯通	人刚我柔谓之走,人背我顺谓之黏。动急则急应,动缓则缓随。虽变化万端,而理与性惟一贯。由招熟而渐悟懂劲,由懂劲而阶及神明。然非用力之久,不能豁然贯通焉。

歌诀四

忽隐忽现进则长	不偏不倚,忽隐忽现。左实则右虚,右重则左轻。仰之

	则弥高，俯之则弥深。进之则愈长，退之则愈促。
一羽不加至道藏	一羽不能加，蝇虫不能落。人不知我，我独知人。雄豪所向无敌，盖皆由阶而及也。
手慢手快皆非似	斯技旁门甚多，虽势有区别，盖不外强欺弱，慢让快耳。有力打无力，手慢让手快，是皆先天自然之能，非关学力而有也。
四两拨千运化良	察四两拨千斤之句，显非力胜；观耄耋能御众之形，快何能为。立如秤准，活似车轮。偏沉则随，双重则滞。每见数年纯功，不能运化，率自为人所制者，双重之病未悟耳。欲避此病，须知阴阳。黏即是走，走即是黏。阴不离阳，阳不离阴，阴阳相济，方为懂劲。懂劲后，愈练愈精，默识揣摩，渐至从心所欲。本是舍己从人，多误舍近求远。所谓差之毫厘，谬以千里。学者不可不详辨焉。
	此论句句切要，并无一字陪衬。非有夙慧之人，未能悟也。先师不肯妄传，非独择人，亦恐枉费工夫耳。

歌诀五

极柔即刚极虚灵	极柔软，然后极坚刚。能呼吸，然后能灵活。气以直养而无害，劲以曲蓄而有余。
运若抽丝处处明	全身意在精神，不在气。有气者无力，无气者纯刚。气如车轮，腰似车轴。似松非松，将展未展。劲断意不断，藕断丝亦连。
开展紧凑乃缜密	心为令，气为旗，腰为纛，先求开展，后求紧凑，乃可臻于缜密矣。
待机而动如猫行	牵动往来，气贴背，敛入脊骨。内固精神，外示安逸。迈步如猫行，运劲如抽丝。

歌诀六

掤捋挤按四方正，採挒肘靠斜角成。
乾坤震兑乃八卦，进退顾盼定五行。

长拳者，如长江大河，滔滔不绝也。十三势者，掤捋挤按採挒肘靠，此八卦也。进步退步左顾右盼中定，此五行也。合而言之，曰十三势。掤捋挤按，即坎离震兑，四正方也；採挒肘靠，即乾坤艮巽，四斜角也。进退顾盼定，即水火金木土也。

以上系三丰祖师所著。欲天下豪杰延年益寿，不徒作技艺之末也。

二、十三势歌

作者待考

十三总势莫轻视，命意源头在腰隙。
变转虚实须留意，气遍身躯不稍滞。
静中触动动犹静，因敌变化示神奇。
势势揆心须用意，得来不觉费功夫。
刻刻留心在腰间，腹内松净气腾然。
尾闾中正神贯顶，满身轻利顶头悬。
仔细留心向推求，伸屈开合听自由。
入门引路须口授，功夫无息法自修。
若言体用何为准，意气君来骨肉臣。
想推用意终何在，益寿延年不老春。
歌兮歌兮百卌字，字字真切意无遗。
若不向此推求去，枉费功夫贻叹息。

三、十三势行功心解

王宗岳 著

以心行气，务令沉着，乃能收敛入骨。
以气运身，务令顺遂，乃能便利从心。
精神提得起，则无迟重之虞，所谓头顶悬也。
意气换得灵，乃有圆活之妙，所谓变转虚实也。
发劲须沉着松净，专主一方。
立身须中正安舒，撑支八面。
行气如九曲珠，无微不到。
运劲如百炼钢，何坚不摧。
形如搏兔之鹘，神如捕鼠之猫。静如山岳，动若江河。
蓄劲如张弓，发劲如放箭。曲中求直，蓄而后发。力由脊发，步随身换。
收即是放，放即是收，断而复连。往复须有折叠，进退须有转换。
先在心，后在身。腹松净气敛入骨。神舒体静，刻刻在心。切记一动无有不动，一静无有不静。

四、打手歌

王宗岳 修订

掤搌挤按须认真，上下相随人难进。
任他巨力来打我，牵动四两拨千斤。
引进落空合即出，粘连黏随不丢顶。

五、二十字诀

作者待考

披闪担搓歉，黏随拘拿扳。
软掤搂摧掩，撮坠续挤摊。

（参见209页《五字经诀》及其说明）

六、阴符枪总诀

王宗岳 著

身则高下，手则阴阳，步则左右，眼则八方。
阳进阴退，阴出阳回，黏随不脱，疾若风云。
以静观动，以退敌前，审机识势，不为物先。
下则高之，高则下之，左则右之，右则左之。
刚则柔之，柔则刚之，实则虚之，虚则实之。
枪不离手，步不离拳，守中御外，必对三尖。

（此诀发现于唐豪所得厂本拳经，原载唐豪著《太极拳宗师王宗岳考》）

七、太极拳九要诀

杨班侯 传

（一）全体大用诀

太极拳法妙无穷，掤捋挤按雀尾生。
斜走单鞭胸膛占，回身提手把着封。
海底捞月亮翅变，挑打软肋不容情。
搂膝拗步斜中找，手挥琵琶穿化精。
贴身靠近横肘上，护中反打又称雄。
进步搬拦肋下使，如封似闭护正中。
十字手法变不尽，抱虎归山採挒成。
肘底看捶护中手，退行三把倒转肱。
坠身退走扳挽劲，斜飞着法用不空。
海底针要躬身就，扇通臂上托架功。
撇身捶打闪化式，横身前进着法成。
腕中反有闭拿法，云手三进臂上攻。
高探马上拦手刺，左右分脚手要封。
转身蹬脚腹上占，进步栽捶迎面冲。
反身白蛇吐信变，採住敌手取双瞳。
右蹬脚上软肋踹，左右披身伏虎精。
上打正胸肋下用，双峰贯耳着法灵。
左蹬脚踢右蹬式，回身蹬脚膝骨迎。
野马分鬃攻腋下，玉女穿梭四角封。
摇化单臂托手上，左右用法一般同。
单鞭下势顺锋入，金鸡独立占上风。

提膝上打致命处，下伤二足难留情。
十字腿法软骨断，指裆捶下靠为锋。
上步七星架手式，退步跨虎闪正中。
转身摆莲护腿进，弯弓射虎挑打胸。
如封似闭顾盼定，太极合手式完成。
全体大用意为主，体松气固神要凝。

（二）十三字行功诀

掤手两臂要圆撑，动静虚实任意攻。
搭手捋开挤掌使，敌欲还着势难逞。
按手用招似倾倒，二把采住不放松。
来势凶猛捌手用，肘靠随时任意行。
进退反侧应机走，何怕敌人艺业精。
遇敌上前迫近打，顾住三前盼七星。
敌人逼近来打我，闪开正中定横中。
太极十三字中法，精意揣摩妙更生。

（十三字：掤捋挤按采挒肘靠，进退顾盼定。三前：手前、足前、眼前。七星：肩肘膝胯头手足七个出击点。）

（三）十三字用功诀

逢手遇掤莫入盘，粘黏不离得招难。
闭掤要上采挒法，二把得实急无援。
按定四正隅方变，触手即占先上先。
捋挤二法趁机使，肘靠攻在脚跟前。
遇机得势进退走，三前七星顾盼间。
周身实力意中定，听探顺化神气关。
见实不上得攻手，何日功夫是体全。
操练不按体中用，修到终期艺难精。

（四）八字法诀

三换二捋一挤按，搭手遇掤莫让先。
柔里有刚攻不破，刚中无柔不为坚。
避人攻守要採挒，力在惊弹走螺旋。
逞势进取贴身肘，肩胯膝打靠为先。

（五）虚实诀

虚虚实实神会中，虚实实虚手行动。
练拳不谙虚实理，枉费功夫终无成。
虚守实发掌中窍，中实不发艺难精。
虚实自有虚实在，实实虚虚攻不空。

（六）乱环诀

乱环术法最难通，上下随合妙无穷。
陷敌深入乱环内，四两千斤招法成。
手脚齐进横竖找，掌中乱环落不空。
欲知环中法何在，发落点对即成功。

（七）阴阳诀

太极阴阳少人修，吞吐开合问刚柔。
正隅收放任君走，动静变化何须愁。
生克二法随招用，闪进全在动中求。
轻重虚实怎的是，重里现轻勿稍留。

（八）十八在诀

掤在两臂，捋在掌中，挤在手背，按在腰攻。
採在十指，挒在两肱，肘在屈使，靠在肩胸。
进在云手，退在转肱，顾在三前，盼在七星。

定在有隙，中在得横，滞在双重，通在单轻。

虚在当守，实在必冲。

（九）五字经诀

披从侧方入，闪展无全空。
担化对方力，搓磨试其功。
歉含力蓄使，粘黏不离宗。
随进随退走，拘意莫放松。
拿闭敌血脉，扳挽顺势封。
软非用拙力，掤臂要圆撑。
搂进圆活力，摧坚戳敌锋。
掩护敌猛入，撮点致命攻。
坠走牵挽势，继续勿失空。
挤他虚实现，摊开即成功。

（此诀二十句，各句首字正好成《二十字诀》，似为《二十字诀》之扩展。但《二十字诀》之五言四句，虽押韵而不成句意，亦非太极拳的二十种技法或要领。实际是古人对《五字经诀》的缩写形式，以便记忆。可见杨氏所得拳经，亦有比《乾》本完整之处）

八、太极拳法歌解

杨澄甫　传

（一）对待用功法守中土

定之方中足有根，先明四正进退身。
掤捋挤按自四手，须费功夫得其真。
身形腰顶皆可以，粘连黏随意气均。

运动知觉来相应，神是君位骨肉臣。
分明火候七十二，天然乃武并乃文。

（二）身形腰顶

身形腰顶岂可无，缺一何必费功夫。
腰顶穷研生不已，身形顺我自伸舒。
舍此真理终何极，十年数载亦糊涂。

（三）太极圈

退圈容易进圈难，不离腰顶后与前。
所难中土不离位，退易进难仔细研。
此为动功非站定，倚身进退并比肩。
能如水磨催急缓，云龙风虎象周全。
要用天盘从此觅，久而久之出天然。

（四）粘黏连随解

粘者，提上拔高之谓也。
黏者，留恋缱绻之谓也。
连者，舍己无离之谓也。
随者，彼走此应之谓也。

要知人之知觉运动，非明粘黏连随不可，斯粘黏连随之功夫，亦甚细矣。

（五）顶匾丢抗解

顶者，出头之谓也。匾者，不及之谓也。
丢者，离开之谓也，抗者，太过之谓也。

要知于此四字病，不明粘黏连随，断亦不明知觉运动也。初学对手，不可不知也，更不可不去此病。所难者，粘黏连随，而不许顶匾丢抗，是所不易也。

（六）太极阴阳颠倒解

阳：乾、天、日、火、离、放、出、发、对、开、臣、肉、用、器、身、武、立命、方、呼、上、进、隅。

阴：坤、地、月、水、坎、卷、人、蓄、待、合、君、骨、体、理、心、文、尽性、圆、吸、下、退、正。

盖颠倒之理，水火二字详之则可明。如火炎上，水润下者。水能使火在下而用。水在上，则为颠倒。然非有法治之，则不得矣。譬如水入鼎内，而置火之上。鼎中之水，得火以燃之。不但水不能下润，借火气，水必有温时。火虽炎上，得鼎以隔之，是为有极之地，不使炎上之火无止息，亦不使润下之水永渗漏。此所谓水火既济之理也，颠倒之理也。若使任其火炎上，水润下，必至水火分为二，则为水火未济也。故云分而为二、合之为一之理也。故云一而二，二而一。总斯理为三，天地人也。明此阴阳颠倒之理，则可与言道。知道，不可须臾离，则可与言人。能以人弘道，知道不远人，则可与言天地同体。天地同体，上天下地，人在其中矣。乾坤为一大天地，人为一小天地也。天者性也，地者命也，人者虚灵也，神也。若不明之者，乌能配天地人为三乎。然非尽性立命，穷神达化之功，胡为乎来哉。

（七）太极轻重浮沉解

双重为病，干于填实，与沉不同也。双沉不为病，自尔腾虚，与重不一也。双浮为病，只如缥缈，与轻不例也。双轻不为病，天然清灵，与浮不等也。半轻半重不为病，偏轻偏重为病。半者，半有着落也，所以不为病。偏者，偏无着落也，所以为病。偏无着落，必失方圆。半有着落，岂出方圆。半浮半沉为病，失于不及也。偏浮偏沉，失于太过也。半重偏重，滞而不正也。半轻偏轻，灵而不圆也。半沉偏沉，虚而不正也。半浮偏浮，茫而不圆也。

夫双轻不近于浮，则为轻灵。双沉不近于重，则为离虚。故曰上手。

轻重半有着落，则为平手。除此三者之外，皆为病手。盖内之虚灵不昧，能致于外之清明，流行乎肢体也。若不穷研轻重沉浮之手，徒劳掘井不及泉之叹耳。然有方圆四正之手，表里精细无不到，则已极大成，又何云四隅出方圆耶。所谓方而圆，圆而方，超乎象外，得其寰中之上手也。

（八）太极尺寸分毫解

功夫先练开展，后练紧凑，开展得而成之，才讲紧凑。紧凑得成，才讲尺寸分毫。由尺进之功成，而后能寸进分进毫进。此所谓尺寸分毫之理也。然尺必十寸，寸必十分，分必十毫，其数在焉，故云对待者，数也。知其数则能得尺寸分毫也。要知其数，必秘授而能量之分毫内，即有点穴功也。

（此八诀选自杨澄甫著《太极拳使用法》）

九、太极拳真义

无形无象，全身透空。
应物自然，西山悬磬。
虎吼猿鸣，泉清水静。
翻江播海，尽性立命。

（相传此诀为唐李道子所授）

十、八字歌

掤捋挤按世间稀，十个艺人十不知。
若能轻灵并坚硬，粘黏连随俱无疑。

採挒肘靠更出奇，行之不用费心思。
果得粘黏连随字，得其环中不支离。

（由此诀至《功用歌》共五篇，相传为唐许宣平所传太极功之要诀。）

十一、心会论

腰脊为第一之主宰，喉头为第二之主宰，心地为第三之主宰。
丹田为第一之宾辅，指掌为第二之宾辅，足掌为第三之宾辅。

十二、周身大用论

一要心性与意静，自然无处不轻灵。
二要遍体气流行，一定继续不能停。
三要喉头永不抛，问尽天下众英豪。
如询大用缘何得，表里精细无不到。

十三、十六关要论

活泼于腰，灵机于顶，神通于背，气沉丹田。
行之于腿，蹬之于足，运之于掌，通之于指。
敛之于髓，达之于神，凝之于耳，息之于鼻。
呼吸往来于口，纵之于膝。浑噩一身，全体发之于毛。

十四、功用歌

轻灵活泼求懂劲，阴阳既济无滞病。
若得四两拨千斤，开合鼓荡主宰定。

十五、用功五志

博学，审问，慎思，明辨，笃行。

（此为《礼记·中庸》之语，亦被奉为太极拳练习之用功原则）

十六、四性归原歌

世人不知己之性，何能得知人之性。物性亦如人之性，至如天地亦此性。
我赖天地以存身，天地无物不成形。若能先求知我性，天地授我偏独灵。

（此歌相传为南北朝时韩拱月所授太极拳之歌诀）

十七、内家拳五字心法

敬，紧，径，劲，切。

——（原载黄百家《内家拳法》）——

十八、四字密诀

武禹襄

敷：敷者，运气于己身，敷布彼劲之上，使不得动也。
盖：盖者，以气盖彼来处也。
对：对者，以气对彼来处，认定准头而去也。
吞：吞者，以气全吞而入于化也。

十九、撒放密诀

李亦畬修订

擎起彼劲借彼力。（中有灵字）
引到身前劲始蓄。（中有敛字）
松开我劲勿使屈。（中有静字）
放时腰脚认端的。（中有整字）

二十、五字诀

李亦畬

一曰心静。心不静则不专，一举手，前后左右全无定向，故要心静。起初举动未能由己，要悉心体认，随人所动，随屈就伸，不丢不顶，勿自伸缩。彼有力我亦有力，我力在先；彼无力我亦无力，我意仍在先。要刻刻留心，挨何处心要用在何处，须向不丢不顶中讨消息。从此做去，一年半载便能施于身。此全是用意，不是用劲，久之则人为我制，我不为人制矣。

二曰身灵。身滞则进退不能自如，故要身灵。举手不可有呆相。彼之力方挨我皮毛，我之意已入彼骨里。两手支撑，一气贯穿。左重则左虚，而右已去；右重则右虚，而左已去。气如车轮，周身俱要相随，有不相随处，身便散乱，便不得力，其病于腰腿求之。先以心使身，从人不从己。后身能从心，由己仍是从人。由己则滞，从人则活。能从人，手上便有分寸。称彼劲之大小，分厘不错；权彼来之长短，毫发无差。前进后退，处处恰合，工弥久而技弥精矣。

三曰气敛。气势散漫，便无含蓄，身易散乱。务使气敛入脊骨。吸呼通灵，周身罔间。吸为合为蓄，呼为开为发。盖吸则自然提得起，亦拿得人起；呼则自然沉得下，亦放得人出。此是以意运气，非以力使气也。

四曰劲整。一身之劲，练成一家。分清虚实，发劲要有根源。劲起脚跟，主宰于腰，形于手指，发于脊背。又要提起全副精神，于彼劲将出未发之际，我劲已接入彼劲，恰好不后不先，如皮燃火，如泉涌出。前进后退，无丝毫散乱，曲中求直，蓄而后发，方能随手奏效。此谓"借力打人，四两拨千斤"也。

五曰神聚。上四者俱备，总归神聚。神聚则一气鼓铸，炼气归神，气势腾挪。精神贯注，开合有致，虚实清楚。左虚则右实，右虚则左实。虚非全然无力，气势要有腾挪；实非全然占煞，精神要贵贯注。紧要全在胸中腰间运化，不在外面。力从人借，气由脊发。胡能气由脊发？气向下沉，由两肩收于脊骨，注于腰间，此气之由上而下也，谓之合；由腰形于脊骨，布于两膊，施于手指，此气之由下而上也，谓之开。合便是收，开即是放。能懂得开合，便知阴阳。到此地位，工用一日，技精一日，渐至从心所欲，罔不如意矣。

（赵斌老师所著拳诀，参见本书《太极拳问答100条》）

附录一

杨澄甫先生太极拳照

起势　　　　　　　　掤　　　　　　　　捋

挤　　　　　　　　按　　　　　　　　单鞭

提手上势	白鹤亮翅	左搂膝拗步
手挥琵琶	左搂膝拗步	右搂膝拗步
左搂膝拗步	手挥琵琶	左搂膝拗步

杨澄甫先生太极拳照　附录一

进步搬拦捶	如封似闭	十字手
抱虎归山（掤）	抱虎归山（捋）	抱虎归山（挤）
抱虎归山（按）	肘底看捶	右倒撵猴

左倒撵猴	右倒撵猴	斜飞势
提手上势	白鹤亮翅	左搂膝拗步
海底针	扇通背	转身撇身捶（一）

杨澄甫先生太极拳照　附录一

转身撇身捶（二） 　　进步搬拦捶 　　上步揽雀尾（挒）

上步揽雀尾（挤） 　　上步揽雀尾（按） 　　单鞭

左右云手（一） 　　左右云手（二） 　　左右云手（三）

221

杨氏 太极拳真传

单鞭 　　　　　　　高探马 　　　　　　　右分脚（一）

右分脚（二） 　　　左分脚（一） 　　　左分脚（二）

转身左蹬脚 　　　　左搂膝拗步 　　　　右搂膝拗步

杨澄甫先生太极拳照　附录一

进步栽捶　　翻身撇身捶（一）　　翻身撇身捶（二）

进步搬拦捶　　右蹬脚　　左打虎势

右打虎势　　回身右蹬脚　　双峰贯耳

左蹬脚	转身右蹬脚	进步搬拦捶
如封似闭	十字手	抱虎归山（掤）
抱虎归山（捋）	抱虎归山（挤）	抱虎归山（按）

杨澄甫先生太极拳照　附录一

斜单鞭　　　　　　　右野马分鬃　　　　　　左野马分鬃

右野马分鬃　　　　　揽雀尾（掤）　　　　　揽雀尾（捋）

揽雀尾（挤）　　　　揽雀尾（按）　　　　　单鞭

玉女穿梭（一）	玉女穿梭（二）	玉女穿梭（三）
玉女穿梭（四）	揽雀尾（掤）	揽雀尾（捋）
揽雀尾（挤）	揽雀尾（按）	单鞭

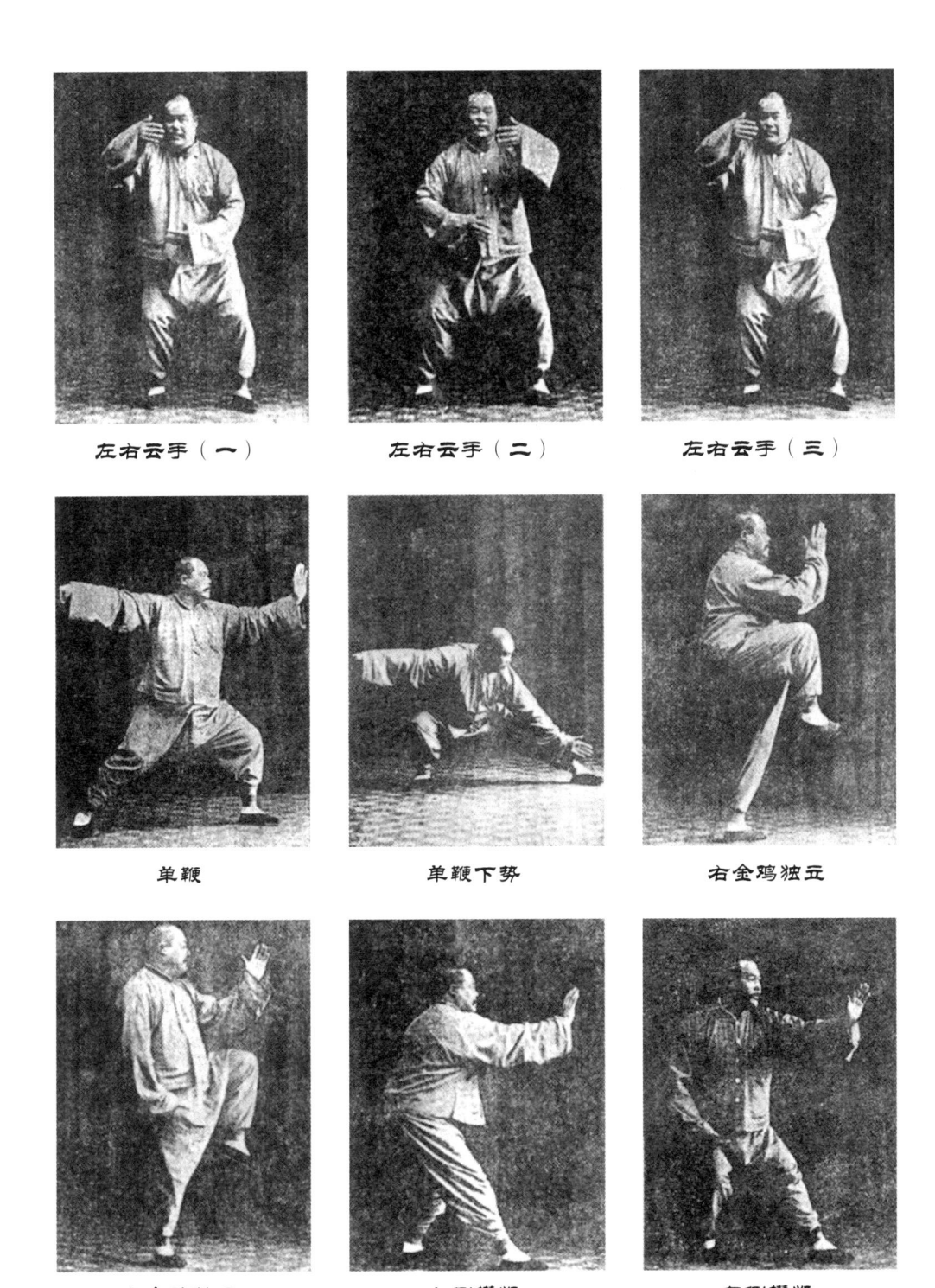

杨澄甫先生太极拳照　附录一

左右云手（一）　　　左右云手（二）　　　左右云手（三）

单鞭　　　　　　　　单鞭下势　　　　　　右金鸡独立

左金鸡独立　　　　　右倒撵猴　　　　　　左倒撵猴

227

杨氏 太极拳真传

右倒撵猴	斜飞势	提手上势
白鹤亮翅	左搂膝拗步	海底针
扇通背	转身白蛇吐信（一）	转身白蛇吐信（二）

杨澄甫先生太极拳照　附录一

进步搬拦捶 　　　上步揽雀尾（捋）　　上步揽雀尾（挤）

上步揽雀尾（按） 　　单鞭 　　　左右云手（一）

左右云手（二） 　　左右云手（三） 　　单鞭

高探马穿掌	十字腿	进步指裆捶
上步揽雀尾（掘）	上步揽雀尾（挤）	上步揽雀尾（按）
单鞭	单鞭下势	上步七星

杨澄甫先生太极拳照　附录一

退步跨虎 　　　　　转身摆莲 　　　　　弯弓射虎

进步搬拦捶 　　　　如封似闭 　　　　　十字手

收势

附录二

杨氏太极拳源流及亲族传人表

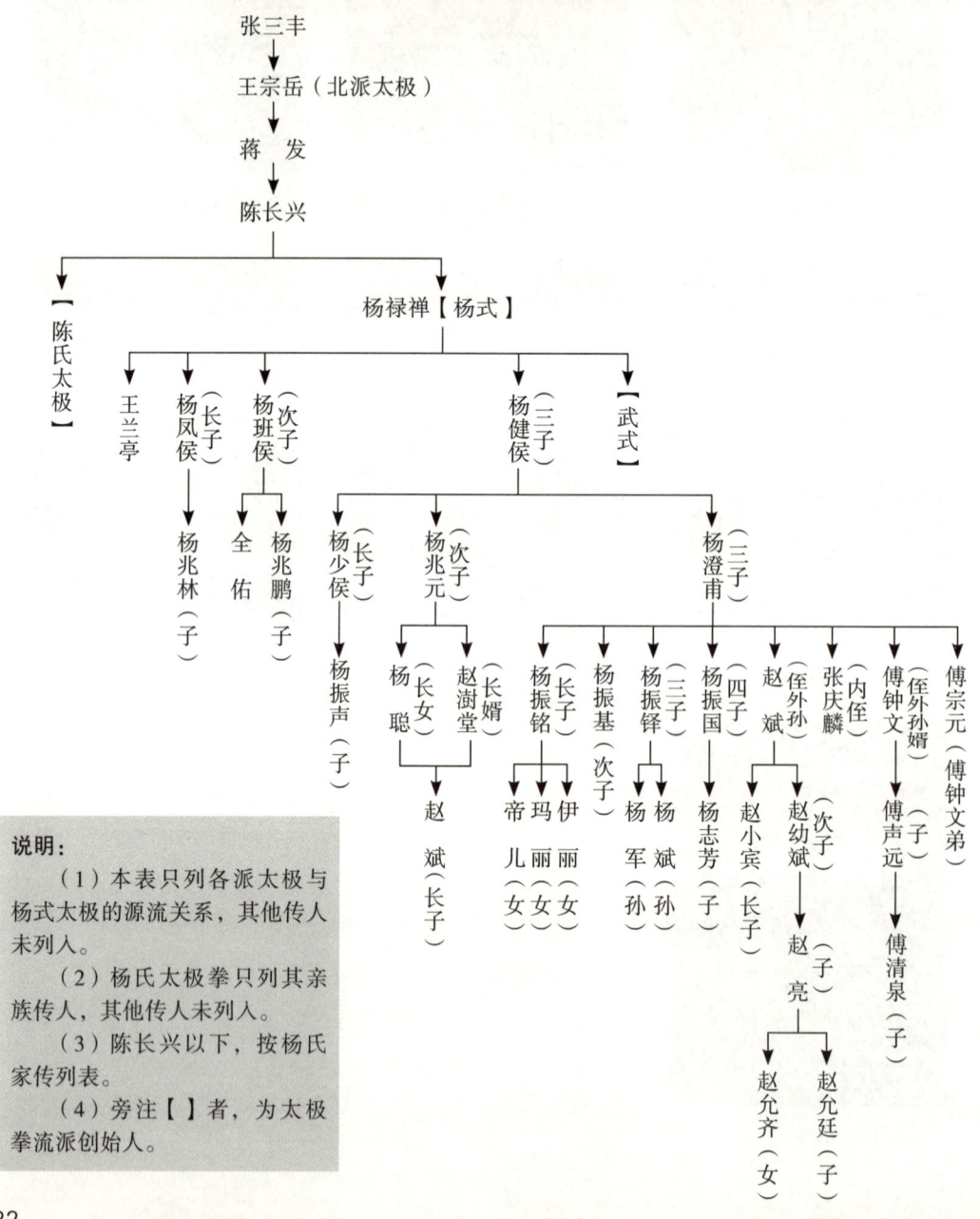

```
张三丰
  ↓
王宗岳（北派太极）
  ↓
蒋发
  ↓
陈长兴
  ├──→【陈氏太极】
  └──→ 杨禄禅【杨式】
          ├── 王兰亭
          ├── 杨凤侯（长子）
          │     └── 杨兆林（子）
          ├── 杨班侯（次子）
          │     ├── 全佑
          │     └── 杨兆鹏（子）
          ├── 杨健侯（三子）
          │     ├── 杨少侯（长子）
          │     │     └── 杨振声（子）
          │     ├── 杨兆元（次子）
          │     │     ├── 杨聪（长女）
          │     │     └── 赵澍堂（长婿）
          │     │           └── 赵斌（长子）
          │     └── 杨澄甫（三子）
          │           ├── 杨振铭（长子）
          │           │     ├── 伊丽（女）
          │           │     └── 玛丽（女）
          │           ├── 杨振基（次子）
          │           │     └── 帝儿（女）
          │           ├── 杨振铎（三子）
          │           │     ├── 杨军（孙）
          │           │     └── 杨斌（孙）
          │           ├── 杨振国（四子）
          │           │     └── 杨志芳
          │           ├── 赵斌（侄外孙）
          │           │     └── 赵小宾（长子）
          │           │           └── 赵亮（子）
          │           ├── 赵幼斌（次子）
          │           │     ├── 赵允齐（女）
          │           │     └── 赵允廷（子）
          │           ├── 张庆麟（内侄）
          │           ├── 傅钟文（侄外孙婿）
          │           │     └── 傅声远（子）
          │           │           └── 傅清泉（子）
          │           └── 傅宗元（傅钟文弟）
          └──【武式】
```

说明：
（1）本表只列各派太极与杨式太极的源流关系，其他传人未列入。
（2）杨氏太极拳只列其亲族传人，其他传人未列入。
（3）陈长兴以下，按杨氏家传列表。
（4）旁注【】者，为太极拳流派创始人。

232

附录二

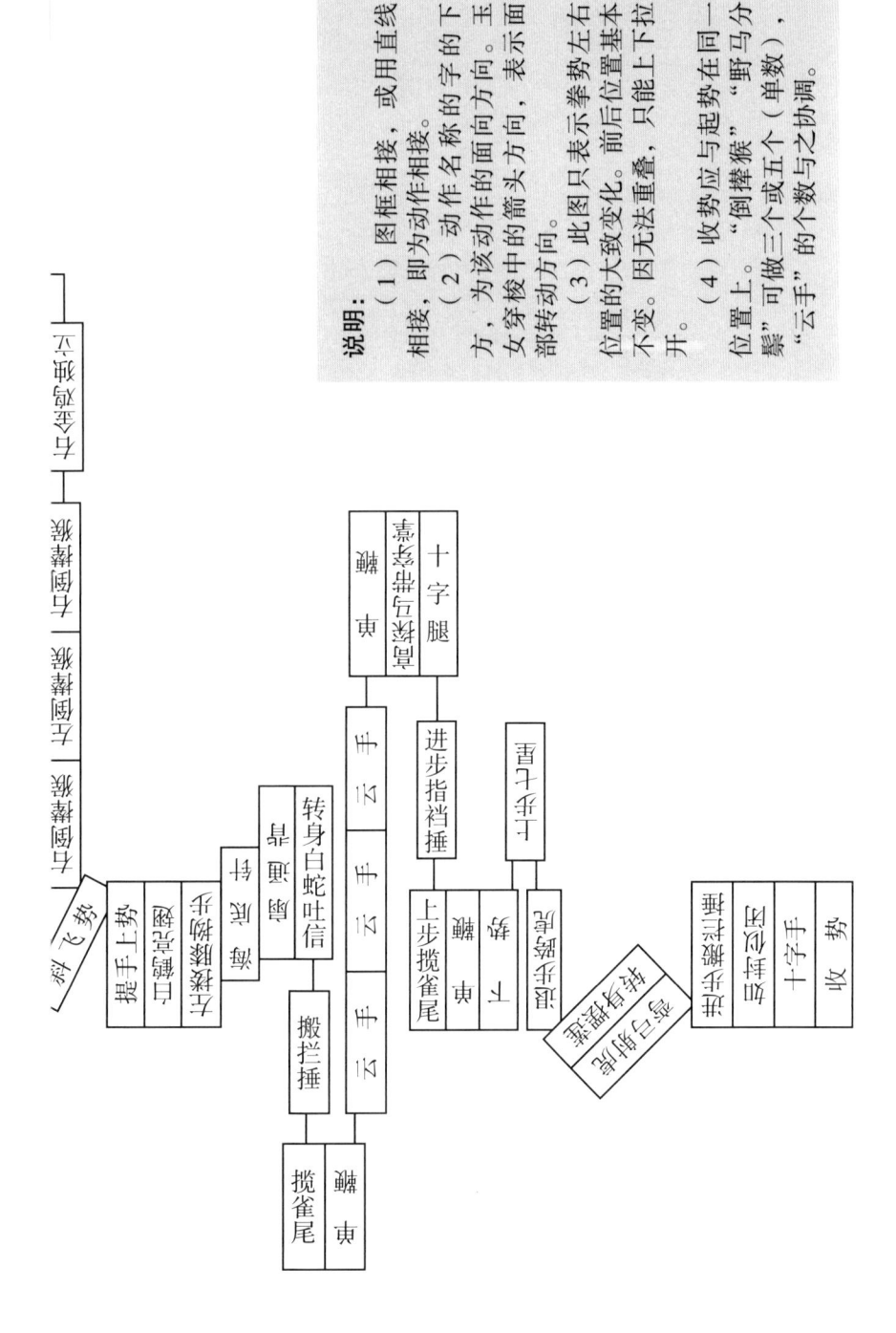

说明：

（1）图框相接，或用直线相接，即为动作相接。

（2）动作名称的字的面向方向，为该动作中的箭头方向，表示面向玉女穿梭方向。

（3）此图只表示拳势左右位置大致变化。前后位置基本不变。因无法重叠，只能上下拉开。

（4）收势应与起势在同一位置上。"倒撵猴"（单数）分鬃"可做三个或五个，"云手"的个数与之协调。

```
起 势
       │
  提手上势
       │
 白鹤亮翅
       │
 左搂膝拗步
       │
  手挥琵琶
       │
   左、右搂膝拗步
       │
  手挥琵琶
       │
  搬拦捶
       │
  如封似闭
       │
  十字手
       │
  抱虎归山
       │
   肘底看捶
       │
   左、右倒撵猴
       │
    斜飞式
       │
   提手上势
       │
   白鹤亮翅
       │
   左搂膝拗步
       │
   海底针
       │
   闪通臂
       │
   转身搬拦捶
       │
   进步揽雀尾
       │
    单 鞭
       │
    云 手
       │
    单 鞭
       │
  高探马
       │
  左右分脚
       │
  转身蹬脚
       │
  左右搂膝拗步
       │
  进步栽捶
       │
  翻身撇身捶
       │
  反身二起脚
       │
  左右打虎式
       │
  回身右蹬脚
       │
  双峰贯耳
       │
  左蹬脚
       │
  转身右蹬脚
       │
  搬拦捶
       │
  如封似闭
       │
  十字手
       │
  抱虎归山
       │
  斜单鞭
       │
  野马分鬃
       │
  揽雀尾
       │
  单 鞭
       │
  玉女穿梭
       │
  揽雀尾
       │
  单 鞭
       │
  云 手
       │
  单 鞭
       │
  下 势
       │
  左右金鸡独立
       │
  左右倒撵猴
       │
  斜飞式
       │
  提手上势
       │
  白鹤亮翅
       │
  左搂膝拗步
       │
  海底针
       │
  闪通臂
       │
  转身白蛇吐信
       │
  搬拦捶
       │
  揽雀尾
       │
  单 鞭
       │
  云 手
       │
  单 鞭
       │
  高探马带穿掌
       │
  十字腿
       │
  进步指裆捶
       │
  上步揽雀尾
       │
  单 鞭
       │
  下 势
       │
  上步七星
       │
  退步跨虎
       │
  转身摆莲
       │
  弯弓射虎
       │
  进步搬拦捶
       │
  如封似闭
       │
  十字手
       │
  收 势
```

233